영어 교육으로 고민하던 부모 50명
미리 읽고 감동 받았다!

저도 대한민국 대표 엄마로서 〈엄마, 영어에 미치다〉를 진행하면서 내 아이만의 영어공부 솔루션을 찾게 되었어요. 책으로 만들어진 〈엄마, 영어에 미치다〉를 통해 엄마와 아이 모두 영어에 즐거움을 느끼게 되었으면 좋겠어요.

〈엄마, 영어에 미치다〉 MC 이아현

〈엄마, 영어에 미치다〉가 책으로 나온다는 소식을 듣고 참 반가웠어요! 〈엄영미〉에서 다루었던 다양한 문제들에 대해 유용하고 효율적인 해결방안을 제시해주고 있어 엄마들에게 도움이 많이 될 것 같습니다!

〈엄마, 영어에 미치다〉 MC 성대현

이 책에서는 아이들의 성향과 취향과 나이 등, 다양한 상황에 맞게 적용할 수 있는 교육 방법이 나와 있고, 지금 현재 수준에서 내 아이에게 알맞은 교육 방법은 어떤 것이 있는지 손쉽게 찾아볼 수 있어 좋았고, 다양한 사례를 통해 자칫 잘못할 수 있는 교육 방법에 대해 쉽게 안내가 되어 있어 보기 편했다.

이승환

나는 이 책이 우후죽순 격으로 쏟아지는 영어교육 방법에 대한 바른 선택을 도와주는 내비게이션이 아닐까 생각한다. 아이의 영어교육에 있어서 길을 모르는 두려움, 아이가 잘 따라주지 않는 조급함, 혹은 너무 많은 길을 알고 있어 혼란스러워 제 길을 찾지 못하는 걱정들을 너무나 잘 알고 있고 친절하게 안내해주고 있기 때문이다.

홍하나

내 아이와 똑같은 성격이나 능력을 가진 사람을 찾기는 불가능할 것입니다. 다양한 CASE에 맞게 교육을 시키거나 사람을 대해야 하는데 우리는 한가지 경우에만 집착하여 동일한 방식으로 교육을 받아왔습니다. 집에서도 마찬가지였죠. '옆집에 누구, 엄마 친구 누구는 이렇게 하더라'라는 말만 듣고 따라하기에 바빴죠. 이제는 달라져야 한다고 생각합니다. 우리 아이에게 최적의 솔루션은 이 세상 어디에도 존재하지 않으며 누가 가르쳐주는 것이 아닙니다. 부모가 가장 잘

알기에 스스로 만들고 찾아가는 것입니다. 그러면 어떻게 만들어 갈까요? "엄마, 영어에 미치다"가 충분한 가이드를 해줄 것입니다.

오승혁

....

"엄마 영어에 미치다"는 다양한 방법의 홈스쿨링을 소개하고 있다. 아이의 연령, 성별, 성격, 강점, 흥미, 학습태도에 따라 사랑스런 내 아이만을 위한 맞춤형 Solution을 계획하여 적용하라고 한다. 맞지 않은 교육방법으로 아이를 주눅들게 하고 영어에 더 거부감을 느껴 영어를 싫어하는 아이로 만들고 있지는 않은지 물어보기도 한다. 우리아이 현재 상황을 정확히 파악하고 그에 맞는 solution을 계획해서 영어를 좋아하는 아이로 키우는 건 어떨까?

강영숙

....

'전국 유명 영어유치원 List' 등을 알려주는 게 아니라 아이들이 영어에 쉽고 재미있게 다가갈 수 있도록, 엄마가 아니면 누구도 해내지 못할 방법들을 알려주고 있네요. 같은 교육방법으로 가르쳤는데 딸과 아들의 차이, 쌍둥이 자매의 차이는 왜 생기는지, 과학을 좋아하는 아이 어떻게 하면 영어도 좋아하게 만들 수 있는지, 등 궁금한 질문들에 대한 답을 읽다보면 우리아이는 이러니까 이렇게 교육시키면 좋겠다는 답이 나옵니다. 이 책은 잠시 읽고 덮어버리는 책이 아니라, 곁에 두고 우리 아이가 성장해감에 따라 필요한 영어 공부 방법을 수시로 찾아보는 참고서가 될 듯합니다. 아이의 행복이 첫째라는 조심을 되새기기 위해서라도 말이죠.

임수연

....

책에서는 상당히 다양하게 영어 학습의 원리나 방법을 알려주고, 아이들마다 성향에 맞는 학습법을 제시할 뿐만 아니라, 아이와 부모의 유형 검사, 맵핑, 아이들의 요구에 대처 하는 법 등, 다양한 컨텐츠가 수록되어 있습니다. 아이들에게 가장 흥미를 유발할 수 있게 하는 것은 무엇일까요?

옥승현

....

영어에 미친 엄마의 치맛바람과 아빠의 비짓바람을 부드럽게 잠재울 수 있는 획기적인 영어교육지침서이다. 이 책은 방향감각 없이 조바심과 안달이 나서 '남들이 하니깐 나도 한다'는 식의 잘못된 영어교육으로 길들여진 엄마들에게 100인의 영어 멘토가 해법을 제시해주고 있다. 또한 엄마들의 영어 교육이 왜 문제인지를 보여줌으로써 독자들의 공감을 이끌어내고 있으며 자녀들의 영어로 인해 고통 받는 엄마와 아이의 고민을 사례별로 나누어 솔루션까지 보여주고 있어 기존의 영어 학습서와는 차별을 두고 있다. 내 아들의 유창한 영어 실력이 눈 앞에 보이는 것 같아 행복해진다.^^

박종태

....

연령, 성별, 성격 등을 고려하여 가장 적합하고 효율적인 영어 교육 방법을 소개하고 있다는 점이 이 책이 가진 가장 최고의 장점. 무엇보다 가장 인상 깊었던 것은 '나는 아이에게 어떤 엄마일까요?'라는 체크리스트다. 보통 사람은 자기 자신의 관점에서 다른 사람을 바라보며 판단하게 된다. 그래서 남의 감정을 무시하고 무의식적으로 상처를 주게 된다. 그 상대가 아직 성숙하지 못해 쉽게 상처받을 수 밖에 없는 아이라면, 한층 더 아이의 마음을 들여다보고 이해하려는 노력이 필요할 것이다. 그런 엄마들에게 이 체크리스트는 자신을 객관적으로 되돌아보고 아이의 마음에 좀 더 다가갈 수 있는 기회를 제공해줄 것이다. 어디서 어떻게 시작해야 할지 막막한 엄마들을 위해..

박미해

....

남들이 영어유치원이다. 학습지다. 개인과외다. 하면서 영어교육에 열을 올릴 때, 올해 5살, 7살 되는 두 아이의 엄마인 나는 "다 쓸 데 없는 짓이다. 때가 되면 그리고 자기가 스스로 하고자 하면 하게 되어있다."며 (내 친구의 말을 빌자면) 정말 용감하게도 아무 것도 하지 않는 엄마였다. 이 책에서 가장 인상 깊었던 세 가지는 외국어 이전에 먼저 모국어를 탄탄하게 익혀주라는 것. 그리고 미국 아이들조차도 5살이면 능숙하지 않은 언어를 우리네 5살짜리에게 강요하는 것은 옳지 않다는 것. 마지막으로 할 줄 아는 말만 하는 아이보다 하고 싶은 말을 할 수 있는 아이가 영어를 잘 하는 아이라는 것이다. 귀가 얇은 부모이고 싶지는 않다. 그래서 나는 위의 조언을 꼭 마음에 담고 소신을 가지고 아이를 대하고 싶다.

신순영

....

영어교육에 대한 새로운 테크닉을 얘기하며 학부모를 현혹시키는 것이 아니라 기존의 잘못된 방식에 대한 따끔한 지적과 해결책을 동시에 제시해줌으로써 우리의 영어 교육에 대한 올바른 방향감각을 일깨워 주고 있는 것이다. 이 책을 통해 "영어를 할 줄 모르면 안 된다."는 불안감이 "영어를 할 수 있다."는 자신감으로 거듭나길 바란다.

텐인텐부산 운영자 강민성

....

엄마, 영어에 미치다

엄마, 영어에 미치다

초판 인쇄 2011년 3월 12일
초판 발행 2011년 3월 23일

지 은 이 채널 스토리온
구 성 작 가 김 민진
표지 디자인 김 현진
내지 디자인 정 다희
펴 낸 이 권 기대
펴 낸 곳 베 가 북 스
마 케 팅 배 혜진, 김 승인, 김 태실

출판등록 제313-2004-000221호
주   소 (121-843) 서울시 마포구 성산1동 51-12 법정빌딩 403호
주문전화 02) 322 - 7262   **문의전화** 02) 322 - 7241
팩스번호 02) 322 - 7242   **이 메 일** vegabooks@naver.com

ISBN : 97-889-92309-38-7

Copyright © 2011 Vega Books, Co.
All rights reserved.

※ 이 책의 일부 또는 전부를 재사용하려면 반드시 베가북스의 동의를 얻어야 합니다.
※ 잘못 만들어진 책은 구입하신 서점에서 교환해드립니다.
※ 가격은 표지에 있습니다.

엄마, 영어에 미치다!

채널 스토리온 지음

머리말

화제의 프로그램 "엄마, 영어에 미치다"를 본 대부분의 시청자들은 이렇게 비판하기 일쑤였다: "어떻게 아이에게 저럴 수가 있지? 정말 심하다. 아이가 불쌍하다." 하지만 방송을 보고 난 후, 아이와 나의 일상생활을 돌이켜 보면 분명 '나도 영어에 미친 엄마가 아닐까?'라는 질문을 스스로에게 던져본 적이 한번쯤은 있었을 것이다. 이름이 다소 자극적인 프로그램이긴 하지만, 사실 대한민국의 대부분의 사람들은 '영어에 미쳐야만 생존할 수 있다'라는 슬프지만 인정할 수밖에 없는 현실 속에 살아가고 있다. 그럼에도 불구하고 엄마, 영어에 미치다에서 솔루션 전문가로서 엄마들에게 한 가지 희망적인 이야기를 드리자면 이렇다: "엄마 영어에 결코 미치지 않아도 된다." 그 이유는 4주간의 솔루션 기간 동안 변화되는 아이와 엄마의 모습을 발견했기 때문이다. 물론 4주는 극히 제한적인 시간이며 개인차가 있겠지만, 아이들에게 영어란 적어도 더 이상 괴물 같은 존재가 아니라 매일 엄마와 교감할 수 있는 재미있는 놀잇거리로 인식되기 시작했기 때문이다.

나는 방송을 진행하는 가운데 아이와 엄마가 변하는 모습을 지켜보면서, 부모가 내 아이에 대해 그리고 교육에 대해 정확히 이해하고 실천하는 것이 얼마나 중요한 일인지를 새삼 깨닫게 되었다. 엄마들은 그동안 내 아이의 상황, 기질, 특성, 수준, 심리상태, 발달상태, 흥미는 전혀 고려하지 않은 채 단순히 옆집아이 공부법을 따라가지는 않았는지 반성해보아야 한다. 그렇다면 투자한 것에 비해 영어를 잘하지 못하는 아이들과 엄마들의 특성은 무엇일까? 가령 엄마가 영어를 너무 잘해서 오히려 아이를 힘들게 한다거나, 훌륭한 인프라에서 교육을 받아도 아이가 영어 때문에 너무 스트레스를 받으면 영어실력 향상은커녕 영어 거부증만 낳았다는 것이다. 결론적으로 아이를 채근한다고 영어실력이 늘지는 않는다. 어린이 영어 교육은 아이가 스스로 필요성을 느낄 때까지, 동기부여가 될 때까지 기다려주고 후원해주어야 하는 것이기 때문이다.

아이는 더 이상 나의 소유물도, 내가 원하는 대로 치장하고 가감하는 액세서리 같은 존재도, 아니다. 부모는 그저 아이가 올곧게 자라날 수 있도록, 아이가 원하는 꿈을 이뤄낼 수 있도록 옆에서 혹은 뒤에서 충분히 지원해주고 독려해주는 존재여야만 한다. '선先 영어, 후後 아이의 행복'이 아니라 그 반대가 되어야 한다. 그리고 '언어란 시작도 끝도 없는, 매일 먹고 마셔야 하는 공기나 물 같은 존재, 매일 꾸준히 반복되는 습관'이기 때문에 아이와 매일 함께해줄 수 있는 엄마와의 행복한 홈스쿨링도 아이가 어렸을 적부터 반드시 실천해야 한다. 누구의 눈치도 보지 않고 내가 생활하는 장소인 가정에서 엄마와 큰 돈 들이지 않고도 매일 할 수 있기 때문이다. 내가 힘들 때는 잠시 쉬어갈 수도 있고 내가 기쁠 때는 얼마든지 더 많은 시간을 할애할 수도 있는 것은 홈스쿨링의 최대 장점이다.

그러기에 이 책은 엄마들에게 다시 한 번 '나와 내 아이의 관계', '지금 내가 행하고 있는 올바른 영어 교육 방법'에 대해 끊임없이 반성하고 실천할 수 있는 기회를 마련해 줄 것이다.

박신영
조기영어교육 전문가 / EBS English TV 진행자

contents

Part 1.
엄마, 영어에 미쳐있나요?

1. 조기 영어 교육에 미친 엄마 ... 14

- 소아기 우울증이 생겨요.
- 조기 영어 교육, 제대로 알면 미치지 않아요.
  - 1. 조기 교육과 영어 실력   2. 조기 교육 vs 적기 교육   3. 영어보다 모국어
  - 4. 선택과 집중   5. 교육 방법과 교재 선택   6. 목표 설정과 동기
- 바람직한 조기 영어 교육

2. 영어 발음에 미친 엄마 ... 25

- 아이가 불편하고 짜증나요.
- 영어 발음, 제대로 알면 미치지 않아요.
  - 1. 스피킹 영재   2. 장점 찾는 홈스쿨링   3. 모국어 발음부터
  - 4. 발음 교정은 체계적으로   5. 아이와의 합의   6. 자신감
- 바람직한 발음 교육

3. 조기 어학연수에 미친 엄마 ... 34

- 아이의 한숨이 늘어가요.
- 영어 조기유학, 제대로 알면 미치지 않아요.
  - 1. 기초는 국어!   2. 유학 신봉자?   3. 양보다 질!
  - 4. 다독으로 영어 정복   5. 영어 교육 로드맵
- 바람직한 조기 어학연수

4. 홈스쿨링 영어에 미친 엄마 ··· 42

- 아이가 스트레스를 받고 있어요.
- 홈스쿨링, 제대로 알면 미치지 않아요.
  - 1. 엄마는 엄마여야   2. 엄마 선생님 최고?   3. 아이 기다려주기
  - 4. 학습동기   5. 영어 공부 시간   6. 모국어라는 뿌리
- 바람직한 홈스쿨링

5. 상위 1%를 위해! '강남영어' 교육에 미친 엄마 ··· 52

- 아이에게 열등감과 장애를 만들어요.
- "강남영어" 교육, 제대로 알면 미치지 않아요.
  - 1. 지역과 영어 실력   2. 틀린 이유를 찾는 공부
  - 3. 동기 부여   4. 엄마의 역할
- 행복한 영어 교육

6. 최고만 고집하는 영어에 미친 엄마 ··· 60

- 아이가 폭력적으로 변하고 병들게 되요.
- 최고만 고집하는 영어 교육, 제대로 알면 미치지 않아요.
  - 1. 최고보다 최적!   2. 욕심은 이제 그만!
  - 3. 기초를 튼튼히   4. 영어 공부의 시작
- 바람직한 최고의 영어 교육

▶ 뒤풀이   엄-영-미 자가진단 체크리스트 ··· 66
        좋은 '엄마 선생님' ··· 68

Part 2.
알려주세요, 100인의 멘토!
내 아이 영어 solution

1. 영어를 거부하는 아이	영어 휴식	… 74
2. 영어를 싫어하는 취학 전 아이	연상암기 학습법	… 76
3. 알파벳 모르는 취학 전 아이	캐릭벳 학습법	… 80
4. 단어로만 말하는 여섯 살 여자아이	동사카드놀이	… 86
5. 일곱 살 '영어 초짜' 아이	전신반응법	… 90
6. 적은 비용 홈스쿨링 시작하는 아이	텐텐텐 학습법	… 95
7. 회화 실력 부족한 일곱 살 아이	꼬리 물기 학습법	… 102
8. 영어 발음이 안 좋은 아이	분철음 학습법	… 108
9. 영어 말하기 실력이 부족한 아이	벌리츠식 학습법	… 114
10. 활발한 성격의 아이	수다 학습법	… 118
11. 소심한 성격의 아홉 살 여자아이	잘난 척 학습법	… 121
12. 수줍음 많은 아홉 살 남자아이	큰 소리 영어법	… 126
13. 기초가 부족한 아홉 살 남자아이	팀플 잉글리시	… 129
14. 영어 성적 중·하위권 아이	역할교환 학습법	… 135
15. 어휘력 부족한 열 살 남자아이	그룹단어 득템법	… 139
16. 초등학교 3학년 전후의 아이	내용중심 학습법	… 143
17. 게임을 좋아하는 아이	레블-업 액션 학습법	… 151
18. 영어 성적이 오르지 않는 아이	육하원칙 학습법	… 156
19. 상위권 영어 실력의 아이	리더십 잉글리시	… 163
20. 초등학교 고학년에 영어 시작하는 아이	섀도잉 학습법	… 169

▶뒤풀이   영어 놀이의 원칙 … 174
연령별 영어 교육 방법 … 176

Part 3.
도와주세요! 영어 119
5~11살을 위한 안성맞춤 solution

Q-1〉 내 아이 영어, 연령에 따라 어떤 방법으로? ···· 184
　　　1. 습득이냐, 학습이냐?　2. 연령에 따른 선택

Q-2〉 아기 때부터 하루 종일 영어에 노출되면 이중 언어 사용자가 될 수 있을까? ···· 189
　　　1. 한국은 EFL 환경　2. 방법의 차이, 인정하세요.　3. 동기가 중요해요.

Q-3〉 초등학교 고학년 영어시작, 너무 늦었나? ···· 192
　　　1. 늦었다는 불안감　2. 많이 읽고 듣고 보기
　　　3. 외우지 말고 감정 기억　4. 감정으로 상황을, 상황으로 문장을

**Q-4〉 딸이랑 똑같이 영어를 가르치는데
　　　아들은 왜 이렇게 못하는 걸까?** ···· 195
　　　1. 남자아이와 여자아이　2. 아들 딸, 차별교육
　　　3. 비교는 금물!　4. 아들은 기다려주어야　5. 소질을 보이는 과목

Q-5〉 쌍둥이 자매, 똑같이 가르치는데 웬 실력차이? ···· 200
　　　1. 누구나 다른 인격체　2. 상대 평가 vs 절대평가
　　　3. 스피킹뿐 아니라　4. 극적인 칭찬 상황　5. 형제자매 공통분모

Q-6〉 소심한 아이, 영어 땜에 병까지 났네! ···· 205
　　　1. 아이들 병들게 해요　2. 아이 성격에 따라　3. 우리아이 성격 유형
　　　4. 성격유형별 학습 성향　5. 성격별 수업 설계

Q-7〉 과학 좋아하는 아이, 영어도 좋아하게 만들려면?　　　　　　　… 214
　　　　1. 영어+선호과목 결합　　2. 동기 부여!
　　　　3. 지속적으로 영어에 노출!　　4. 영어 부담감을 잊게

Q-8〉 미술에 능한 아이, 영어도 미술만큼 잘하려면?　　　　　　　… 219
　　　　1. 잘하는 과목을 영어와　　2. 누구나 잘하는 게 있죠.
　　　　3. 강점 파악, 효과적인 학습방법

Q-9〉 목표가 분명한 아이,
　　　영어는 흥미도 없고 공부할 시간도 없대요!　　　　　　　… 226
　　　　1. 영어는 필수　　2. '영어 두려움'을 없애고　　3. "30분 틈새학습"
　　　　4. 영어는 필수라는 동기부여　　5. 성향과 흥미를 접목

Q-10〉 영어 공부할 테니 게임하게 해줘요?　　　　　　　… 231
　　　　1. 게임으로 동기부여?　　2. 게임중독과 영어실력　　3. 서서히 거리를!
　　　　4. 즐거운 영어　　5. 게임 중독 아이! 도와주세요.

Q-11〉 영어 학습 태도가 나쁘고, 집중력 없는 아이?　　　　　　　… 236
　　　　1. 혼내지 마세요　　2. 집중력 훈련
　　　　3. 수준에 맞고 흥미 있는 수업　　4. 아이도 선생님이 되어

Q-12〉 영어만 잘한다면 아낌없이 투자하는데,
　　　우리아이 영어 실력은 왜 이 모양?　　　　　　　… 239
　　　　1. 영어를 배우는 아이 표정　　2. 유명하다고 좋은가?.
　　　　3. 영어와 친구 되기　　4. 최고보단 최선　　5. 엄마와 영어놀이

Q-13〉 영어라면 움츠러드는 '영어울렁증' 엄마,
　　　홈스쿨링이 가능할까요?　　　　　　　… 243
　　　　1. '완벽'에의 욕심　　2. 엄마의 자신감, 아이의 자신감
　　　　3. 홈스쿨링의 원칙　　4. 호기심을 자극하는 홈스쿨링

Q-14) 청개구리 같은데다, 엄마 실력 무시하는 아이 ... 249
    1. 엄마와 아이의 생활모습   2. 논리적 반응   3. 올바른 인성
    4. 엄마는 파트너   5. 앞서가는 준비   6. 양육 태도와 언어발달

Q-15) 똑똑한 아빠의 완벽주의 성격,
그리고 문법위주 교육 때문에 고민! ... 257
    1. 아빠의 교육 참여   2. 문법과 회화의 균형
    3 주입식 교육?   4. 아이 입이 닫혀요.   5. 작은 배려로

▶뒤풀이   취학 전후 아이들을 위해 엄-영-미가 권장하는 그림책 ... 262

Part 4.
맞춤형 영어 solution:다양한 사례

1. 은성이의 맞춤형 solution ... 266
2. 찬혁이의 맞춤형 solution ... 272
3. 유리의 맞춤형 solution ... 279

▶뒤풀이   맞춤형 solution을 위한 우리아이 맵핑하기 ... 287

Part 5.
100인의 멘토,
그들의 영어 교육 20계명
... 289

나도 모르게 영어에 조급해져서 아이를 주눅 들게 하고 몰아붙인 기억이 있나요? 우리 아이 영어 어떻게 해야 할지 고민하고 계신가요? 왜 이렇게 "영어, 영어!" 영어가 중요한 세상이 되어, 나와 우리아이를 힘들게 하는 걸까요?

영어는 사용 인구로는 중국어에 이어 세계 두 번째이지만, 실질적으로 세계 제 1의 언어로 평가되고 있습니다. UN을 비롯한 각종 국제기구, 각국 정상들의 회의에서도 각 나라의 언어로 동시통역이 지원되고는 있지만, 기본 언어는 영어입니다.
특히 전 세계가 인터넷을 통해 하나의 네트워크를 이루며 글로벌화가 가속화되면서 모든 정보의 원천이 인터넷으로 집중됨에 따라, 일상생활에서 영어의 필요성이 더욱 강조되고 있습니다. 따라서 영어 잘하는 것이 최고의 경쟁력으로 부각되면서 영어 교육에 대한 관심도 급증하게 되었습니다.
부지런한 엄마들은 아이가 뱃속에 있을 때부터 영어를 들으면서 자극을 주고 있습니다. 대부분은 아이가 유치원에 들어가기 전부터 영어를 시작하고 있죠. 영어유치원은 기본이고, 엄청난 사교육비를 들여서 아이들의 영어 교육에 투자하고 있습니다. 자녀의 영어 발음을 좋게 한다는 부모들의 잘못된 지식 때문에, 아무런 이상도 없는 아이들의 혀를 길게 만드는 수술까지 감행하고 최근에는 조기 유학으로까지 발전하여 초등학생은 물론 한글도 제대로 못하는 유아들까지 해외 언어 연수를 보내기도 한답니다.
자기도 모르게 엄마들이 영어 교육에 미쳐가고 있는 것입니다. 유아의 발달적 특성을 무시한 영어 교육에 의해 우리아이들이 병들어가고 있는 셈이죠. 하지만 엄마들이 정확한 이론과 원리들을 안다면 아이들의 영어에 미치지 않을 수 있습니다.

Part 1에서는 여러 사례 속의 엄마들 모습을 보면서,
과연 나는 우리아이에게 어떤 엄마인지 스스로 반성해보시기 바랍니다.

>> 엄마, 영어에 미쳐있나요?

조기 영어 교육에
미친 엄마

01
___

"그걸 영어로 뭐라고 하지?"

우리말도 아직 서투른 아이에게 영어로 말해보라고 강요하고 있지는 않은가요? 쓸데없는 경쟁심리 때문에 18개월 된 옆집 아이가 영어를 시작했다고 하면 20개월 된 우리아이 영어가 너무 늦은 것 같아 조급하지는 않나요? 현재 우리나라 부모들은 초등학교 3학년부터 영어를 가르친다는 정부의 방침에도 만족하지 않고 영어 교육 시기를 유아기로 앞당기고 있습니다. 7살에 영어를 시작하는 것조차도 너무 늦다고 생각하는 '조급증 엄마'들이 많은 나라가 되어버린 거죠.

> "영어로 말해봐!" 오늘도 엄마는 은성이를 다그칩니다.
> 엄마는 은성이가 영어를 잘해서 큰 꿈을 이루고 나중에 커서 취업을 잘해 연봉 1억이 넘는 '잘난 딸'로 키우기 위해서는 영어가 필수라

고 믿습니다.

14개월 때부터 온갖 영어 교육을 받아온 결과, 지금 6살인 은성이는 하루 종일 영어 공부만 한다고 해도 과언이 아닐 정도입니다. 생후 14개월부터 매달 영어 교재비 및 사교육비만도 한 달에 200만 원 이상씩 사용하고 있습니다.

영어 유치원만 2번째이고, 원어민 선생님만 5번째입니다. 은성이 엄마는 영어 뮤지컬이나 캠프가 있으면 빼놓지 않고 다니며, 좋다는 교재는 아무리 비싸도 사줍니다. 또 직접 홈스쿨링을 하기 위해서 문화센터, 영어학원에 다니며 홈스쿨링 영어를 배워 아이를 가르치고도 있습니다.

영어를 늘 접하게 하려고 외국인이 많이 사는 동두천으로까지 이사를 한 은성이 엄마. 외국인들이 많이 오는 식당에서 식사를 하고, 아이에게 "영어로 말해보라"고 다그치는 것이 일상입니다. 그러나 정작 은성이는 외국인을 만나면 영어 벙어리가 되고, 엄마가 영어로 이야기만 하면 귀를 막고 울기까지 하는 모습을 보이고 있습니다.

은성이 엄마는 다른 아이들보다 일찍 영어를 시작했는데도 또래보다 전혀 나을 바가 없는 은성이 영어만 생각하면 초조하고 조급해서 미칠 지경이라, 오늘도 은성이를 닦달합니다.

"영어로 말해봐!"

<엄-영-미 1화> 은성이 이야기

소아기 우울증이 생겨요.

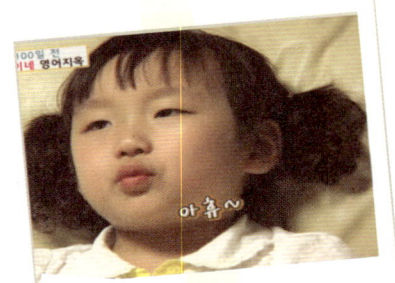

하루 종일 영어로 압박하는 엄마 때문에 아이는 유치원에서의 영어 수업시간이 힘들고 지겨워서 귀를 막아버립니다. 키즈 카페에서 영어를 강요하는 엄마 때문에 결국 아이는 울음을 터뜨리고 맙니다. 외국인들이 많이 오는 식당에서 자꾸 주문을 영어로 시켜보라는 엄마의 말에 소화도 안 될 지경입니다.

집에 와서 자기 전에 즐겁게 보는 만화조차 엄마는 영어 DVD로 바꾸어버립니다. 6살 된 은성이는 깊은 한숨을 "푸..욱" 내쉬면서 싫은 내색을 합니다.

새벽부터 저녁 늦게까지 영어로 인해 받는 스트레스로 아이는 영어 거부감을 가지게 될 것입니다. 그뿐인가요, 소아기 우울증까지 의심된다고 합니다.

영어 조기 교육이란?

조기(Early Childhood)교육이란 학령(學齡)에 도달하지 않은 아동에게 일정한 커리큘럼에 따라 실시하는 교육을 말합니다.
우리나라의 경우 1997년 이전까지는 영어가 초등학교 정규과정에 포함되지 않았으므로 중학교 이전의 영어 교육을 조기 영어 교육이라 일컬었습니다. 그러나 지금은 초등학교 3학년부터 영어 교육을 실시하고 있으므로, 초등학교 이전의 유아들을 대상으로 한 영어 교육을 가리키는 것으로 보는 경향이 강합니다.

●● 소아기 우울증이라고?

우울증은 사람이 살아가면서 일상적인 삶에 대해 사는 맛을 느끼지 못하는 병이라고 말할 수 있습니다. 이런 우울증을 (놀랍게도) 어린 아이들도 경험할 수 있다고 합니다.

아이들의 우울증은 부모의 이혼, 죽음, 최근에 겪은 이사, 친한 친구와의 이별, 혹은 이외의 상실, 심한 스트레스를 겪고 있는 아동, 가족 내 발생된 문제로 인한 어려움을 겪는 아동, 장애를 갖고 있는 아동, 학대받는 아동, 오랜 기간 동안 병을 앓는 아동에게 생기게 될 확률이 많다고 합니다. 또한 우울증은 대를 물려가면서 발생되기도 하여 엄마가 우울 성향이 있으면 아이도 우울한 경우가 있을 수 있습니다.

아이들의 우울증은 행동 문제로 표출되는 경우가 많습니다. 짜증이 늘어난다든지, 검사해보면 특별한 이상이 없는데 자꾸 신체적인 증세를 호소하는 아이들, 학교 가는 걸 회피하거나, 거짓말, 싸움, 난폭한 행동 등을 보이는 아이들은 소아기 우울증을 의심해보아야 합니다.

아이가 소아기 우울증이 있는 걸로 의심되면, 전문 상담 기관이나 병원에서 치료와 카운슬링을 받아보아야 합니다.

●● 소아기 우울증 증상 알아두세요.

우리 아이가 소아 우울증은 아닌지 의심해봐야 할 "10가지 증상"들은 다음과 같습니다

1. 사소한 일에 평소와는 달리 짜증이나 울음을 터뜨린다.
2. 특별한 의학적인 원인 없이 여기저기 자주 아프다고 한다.
3. 온순하던 행동이 과격해져 물건을 던지거나 극단적인 말을 한다.
4. 침통한 표정에다 밖에 잘 나가려 하지 않고 혼자 방에만 있으려고 한다.

5. 말수가 적어지고 평소 즐겨하던 일상생활에 별 흥미를 느끼지 못한다.
6. 일기장이나 친구와의 대화에서 외로움, 죽음과 같은 말을 꺼낸다.
7. 평소와 달리 사소한 실수에 "미안하다" " 죄송하다"는 말을 자주 한다.
8. 생각이 느려지며 학습능력이 떨어지고 바보가 된 것 같다고 호소한다.
9. 식사도 거부하고 잠을 못 이룬 채 멍하니 있다.
10. (심한 경우) 환청이나, 자신이 심한 잘못을 했다고 생각하는 죄책 망상, 죄의 대가로 벌을 받아야 한다고 착각하는 처벌 망상 같은 증상을 보이기도 한다.

▎이영식 〈우리아이 왜 이럴까〉 참고

조기 영어 교육, 제대로 알면 미치지 않아요.

❶ 2-3세 조기 교육과 아이의 영어 실력은 상관없어요.

지나치게 어린 시절의 영어 교육은, 영어가 언어가 아닌 암기과목이라는 부담을 아이에게 안겨줄 수 있습니다. 자연스러운 이중 언어 환경이 아닌 상황에서 두 개의 언어를 너무 빨리 가르치면 뇌 충돌로 인해 역효과를 초래할 수 있기 때문에, 언어 조기교육은 한 가지 언어일 경우에 적합하다고 합니다.

영어 조기교육 없이 초등학교 고학년이 된 이후에 시작한 제대로 된 영어 공부로 성공한 케이스는 우리 주변에 너무도 많습니다.

❷ **조기 교육이 아니라 적기 교육입니다.**

　내 아이의 발달 단계를 알고, 아이의 흥미-기호-기질 등을 파악한 후 영어를 시작해야 합니다. 그리고 인지능력, 학습상황, 상태에 따라서 적기適期를 알고 언제 투입할 것인지를 결정하는 것이 중요합니다. 준비가 되어있지 않은 아이에게 엄마의 욕심대로 어려운 교재를 들이대는 것은 어리석은 노릇!

　따라서 적기 교육이란, 아이들이 받아들일 준비가 되어있을 시점에 적절한 자극을 주어 교육의 최대 효과를 얻는 것이 목적이라 할 수 있습니다.

　내 아이의 뇌 발달을 알면 어느 시점이 우리 아이 영어 교육 최적기일지 알 수 있겠네요.
　내 아이의 뇌, 영어 공부할 준비가 되어있는 건지 살펴볼까요?

* 연령에 따른 뇌 발달 알아두세요!

연령	뇌 발달		학습법
만 0~3세	• 시냅스회로발달 • 대뇌피질 발달 (전두엽, 두정엽, 후두엽의 고른 발달)	뇌의 전반적 발달	• 다양한 영역의 정보 전달로 두뇌발달이 고르게 됩니다. 따라서 편중된 학습은 좋지 않습니다. • 머리 좋은 아이로 키우고 싶다면, 오감학습을 통해 두뇌를 자극해주어야 합니다. 꾸준하고 지속적인 정보로, 뇌의 신경회로를 올바로 자리잡아주어야 합니다.
만 3~6세	• 전두엽 발달	인간의 종합적 사고, 인간성, 도덕성 발달	• 사고와 정신발달 촉진 교육에 중점을 두어야 합니다. • 예절교육, 인성교육에 중점을 둘 시기입니다. • 예의바르고 인간성 좋은 아이로 키우고 싶다면 이 시기에 집중자극이 필요합니다.
만 6~12세	• 측두엽 발달 • 후두엽 발달	언어기능, 청각기능 공간-입체적 사고 기능 발달	• 한글 교육의 적기입니다. • 외국어 교육(말하기, 듣기, 읽기, 쓰기 교육) 적기입니다. • 공간-입체적인 사고 발달이 이루어집니다.

언어기능을 담당하는 측두엽側頭葉은 만 6세 이후부터 12세까지 집중적으로 발달합니다. 측두엽이 발달하는 시기에는 외국어 교육을 비롯해 말하기, 듣기, 읽기, 쓰기 등의 교육이 효과적으로 이루어질 수 있습니다.

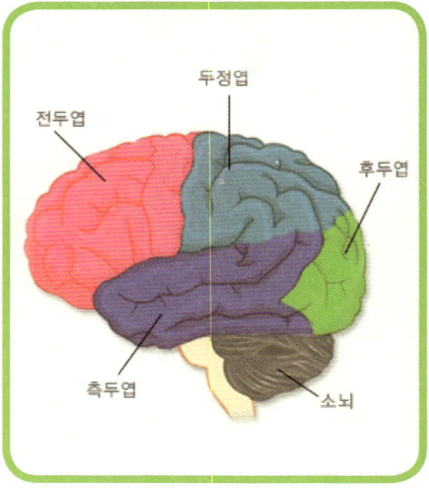

그 전에는 언어를 담당하는 뇌 발달이 이루어지지 않아 언어 학습을 제대로 소화하기 힘듭니다. 아직 배울 준비도 제대로 되지 않은 아이에게 어른의 욕심으로 너무 일찍 가르치려들면, 아이는 스트레스를 받게 되고 학습동기가 저하될 뿐 아니라, 심해지면 과잉학습장애라는 일종의 정신질환이 나타날 수도 있습니다. 시기에 맞게 뇌에 적절한 자극을 주세요. 그래야 아이들은 쉽게 이해하고 재미있어 할 수 있을 것입니다.

나이에 따라 단계적으로 뇌의 부위별 발달이 차근차근 이루어지기 때문에, 뇌 부위별 발달을 극대화시킬 수 있는 적기 교육을 시키는 것이 바람직합니다. 우리나라의 경우 유치원에 들어가기도 전부터 영어 교육을 시작하는 경우가 많은데, 뇌 발달 이론에 맞춰보면 별로 교육적인 효과를 기대할 수 없습니다.

뇌 학자들은 너무 일찍 언어교육을 하는 것보다 초등학교 입학 전후부터 본격적으로 외국어 교육을 시키는 것이 효과적이라고 말합니다. 모국어보다 외국어를 너무 강제로 학습시키면 언어중추가 아직 완전히 성숙되지 않은 상태여서 외국어는 물론 모국어까지도 발달이 지연될 수 있다고 말합니다.

❸ 영어보다 모국어 먼저

어린 나이에 영어를 시작하면 아이의 모국어 실력이 부족할 수 있습니다. 아이의 모국어 실력이 부족하면 영어를 생활 속 언어로 받아들이지 못하기 때문에 결국에는 외국어 학습능력도 떨어지게 됩니다.

기억하세요, 모국어가 확실하게 자리 잡은 이후, 영어를 시작해도 늦지 않답니다.

❹ 영어 학습은 무엇보다 선택과 집중!

학습에는 선택과 집중의 원칙이 중요합니다.

하루 종일, 혹은 4~5시간씩 영어 공부를 한다고 해서 아이의 영어 실력이 느는 것은 결코 아닙니다. 즉, 아이의 학습 시간과 영어 실력은 그다지 상관이 없다는 얘기죠. 중요한 것은 아이의 취향과 흥미를 반영해 공부 시간을 배분한다는 점입니다. 그게 효과적이죠. 단 10분, 20분을 공부하더라도 배운 것을 아이의 기억에 또렷이 남기는 게 중요합니다.

아이가 집중할 수 있을 정도의 짧은 시간에 효과적인 방법을 선택해서 영어 교육을 해보세요. 비효율적인 방법으로 장시간 영어 학습을 하게 되면 오히려 아이들이 영어 거부감을 나타내는 등, 역효과를 초래할 수 있습니다.

❺ 교육 방법과 교재의 신중한 선택

그렇다면 어떤 방법이 효과적일까요?

아이에게 영어 홈스쿨링을 할 때 일방적 '중계방송'식 영어 홈스쿨링을 하고 있지는 않은지 곰곰이 생각해보세요. 홈스쿨링 내내 아이를 다그치지는 않았는지요? 홈스쿨링을 할 때 정말 아이를 위해 제대로 된 투자와 학습 방법을 선택하고 있는지 생각해보아야 합니다. 아이에 대한 영어 교육이 엄마의 욕심 때문에 지나치게 과열되어서는 안 됩니다. 특히 취학 전 조기 영어일수록 강요가 아닌 놀이 방식이어야 함을 알아야 합니다. "~해봐!" 식의 강제적인 주입식 학습 역시 아이를 망가뜨리는 지름길입니다.

엄마의 강요에 의한 영어 공부로 아이는 외국인을 괴물처럼 느끼게 되고 영어를 두려워하게 될 수 있습니다. 외국인에게 말을 해보라고 등을 떠미는 엄마 때문에 아이는 외국인을 무서워하게 될지도 모릅니다. 영어 학습 초기에 이런 거부감이 심어지면, 아이가 꾸준히 영어 공부를 해나가는 것이 불가능해질 수도 있어요.

교재 선택 역시 아이들의 효과적인 영어공부 방법에서 빠져서는 안 될 부분이죠. 엄마들 입장에서는 권위 있는 출판사의 '히트 친' 교재라고 하면 무조건 아이에게 사다 바치는 경향이 있습니다. 많이 팔렸다고 해서 모두 다 좋은 책은 아닙니다. 아이의 수준과 성향에 맞는 교재를 선택해야 아이들이 영어와 친숙해지고 영어를 잘 할 수 있게 됩니다. 아이가 영어를 잘하기를 바란다면, 아이의 수준에 맞는 개성과 취향을 고려한 교육 방법을 찾는 것이 중요하답니다.

❻ 목표 설정과 동기

외국어 습득 이론의 세계적 권위자 스티븐 크라쉔(Stephen Krashen)은, 영어 공부를 잘하는 방법이 i(나) + 1이라고 말했습니다. 즉, 내 능력보다 한 단계 정도 높은 것을 공부해야 학습 동기가 생긴다는 것이지요.

i + 2, 3, 4로 목표를 설정하는 경우, 설사 처음에는 동기가 생긴다 하더라도 아무리 해봤자 안 된다는 생각에 포기하게 되고 결국 아이의 자존감만 떨어지게 된다는 거죠. 만약 우리 아이가 발달 속도가 늦거나 언어 능력이 낮거나 영어 흥미도가 떨어진다면, i−1부터 시작하세요.

아이의 자존감을 높여주는 즐거운 영어 공부가 되기 위해선, 아이에게 맞는 목표 설정을 해주는 것이 중요합니다.

바람직한 조기 영어 교육

외국의 경우도 초등학교 시절에 외국어 교육을 시작하는 것이 전반적인 경향입니다. 즉, 효율성이란 면에서 사춘기 이전의 외국어 교육을 긍정적으로 보고 있는 거죠. 그러나 우리나라처럼 모국어를 배우기도 전에 극성으로 외국어 배우기에 목을 매는 일은 없습니다.

내 아이의 발달 단계를 충분히 알고, 흥미, 기호, 기질을 파악한 다음 영어를 시작해야 합니다. 아이의 인지능력과 학습상황, 아이의 상태에 따라서 영어를 언제 투입할지 적기를 결정하는 것이 중요하니까요.

영어 교육은 장기간의 계획을 가지고 서서히 꾸준히 진행해가야 합니다. 초등학교 입학 전 아이들에 대한 영어 조기 교육은, 그저 놀이를 통해 영어란 게 '좋다, 재미있다'는 생각을 들게 해주는 것을 목표로 하는 편이 좋습니다. 즉, 초등학교에 가서 영어 교육을 하기 위한 준비단계로 아이들에게 긍정적인 태도를 심어주는 것이 바람직하다는 뜻입니다.

무엇보다 아이들이 영어에 흥미와 자신감을 가지고 영어를 친숙하게 대할 수 있는 기반을 마련해주는 것이 가장 중요합니다.

영어 조기 교육, 미칠 필요가 없습니다.

영어 발음에
미친 엄마

02

영어 발음이 좋은 사람을 보면 너무 부럽지 않나요? 그런 사람 앞에서는 내 한국식 발음이 부끄러워 입을 떼지 못한 적은 없나요? 나의 영어 발음 열등감을 우리 아이에게 물려주지 않으리라, 비장한 각오로 아이의 발음을 좋게 하기 위해 미친 엄마들이 많습니다.

행여나 내 발음을 닮을까봐 아이 앞에서는 영어도 안하는데, 영어 홈스쿨링이라구요? 놀라는 엄마들도 많지요.

아이의 발음이 못마땅하고 불안해서 늘 아이의 발음을 지적해왔던 엄마들이라면, 스스로를 냉정하게 진단해볼 필요가 있습니다. 자신도 모르게 아이에게 많은 상처를 주고 있었을지 모르니까요.

"요즘은 영어 단어만 많이 안다고 영어 잘하는 것이 아니잖아요. 문법이니 단어니, 다 필요 없고 발음만 좋으면 돼요." 왕년에 엄마는 영어

강사여서 발음으로 먹고 살았는데, 아이의 발음이 안 좋아 미친 엄마가 있습니다.

아이의 발음에 미쳐있는 소영(가명) 엄마는 단어를 많이 알고 문법을 잘하는 것은 아무 소용이 없다고 생각합니다. cat를 '앳'으로 keep을 '입'으로 발음하는 소영은 영어 발음 이전에 한국어 발음에 문제가 있는 아이입니다.

영어든 우리말이든 소영이 얘기하면 안 좋은 발음 때문에 친구들이 알아듣지 못해서 소영은 답답합니다. 한국어 발음도 문제지만, 어차피 발음 교정을 한다면 영어 발음으로 교정을 하고 싶은 소영 엄마는 소영에게 설소대舌小帶 수술이라는 것을 시켰습니다.

그러나 설소대 수술을 했음에도 소영의 발음은 전혀 나아지지 않았습니다. 아이가 7살 때 수술을 해서 효과를 못 본 거 같다며, 더 일찍 수술 못한 게 후회되는 소영 엄마.

그 외에도 아이의 영어 발음에 유난히 신경을 쓰고 있는 소영 엄마의 발음 교정 방법은 접시에 잼을 발라서는 혀로 접시를 핥게 하는 방법입니다. 소영 엄마는 소영의 발음이 좋지 않은 것은 혀가 힘이 약하기 때문이라고 생각해서 인터넷에서 찾은 방법들을 사용한다고 합니다. 하지만 엄마의 노력은 별 성과를 내지 못하고 소영의 발음은 아직도 뒤쳐져 있습니다. 소영의 발음교정을 위해 하루를 몽땅 투자하는 소영 엄마.

소영의 발음만 좋아진다면 무슨 짓이라도 하겠다는 소영 엄마에게 지금 가장 후회되는 것은 설소대 수술을 좀 더 일찍 시키지 못한 것입니다.

●● 설소대 수술, 알아두세요.

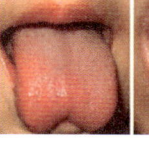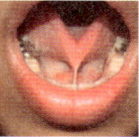

한때 강남에서는 아이의 영어 발음이 좋아진다는 설소대 수술이 유행한 적이 있습니다.
설소대 수술이란, 혀와 입안을 연결하는 띠 모양 주름인 설소대를 제거하여 혀를 길게 만드는 수술입니다. 물론 설소대 단축증이라 하여 문제가 될 정도로 설소대가 짧은 경우가 있습니다. 이는 혀의 아랫면과 입의 바닥을 연결하는 막인 설소대가 짧아 혀의 운동이 제한되는 증상이죠. 설소대가 짧으면 혀를 길게 내밀지 못하고 자유롭게 움직일 수 없어서 유아기에는 모유 수유를 할 때 젖꼭지를 깨물어 통증을 유발할 수 있습니다. 또 말을 하기 시작할 때는 'ㄷ'이나 'ㄹ'의 발음에 문제가 생길 수도 있습니다. 이런 경우는 생후 3개월 이전에 수술을 해서 정상적인 언어발달에 도움을 주는 것이 좋다고 하기도 합니다. 즉, 설소대 수술이 꼭 필요한 경우도 있다는 것이죠.

그러나 단지 수술을 하면 영어 발음이 좋아진다고 해서 말 트이기 전인 2~3세 자녀를 둔 강남엄마들 사이에서 유행하기도 하였습니다. 치과나 이비인후과 등에서 할 수 있는 이 수술은, 전신마취를 해야 하고 20분쯤 걸리며 비용은 20만 원 정도라고 합니다. 그리고 설소대 수술을 받았다면 반드시 길어진 혀에 따른 발음 교정과 언어 치료를 받아야만 합니다. 그동안 익숙했던 혀의 움직임이 바뀌었기 때문에 아이에게 언어치료를 하지 않으면 무리가 있게 됩니다. 설소대 수술을 했다면 반드시 전두엽 내의 브로카 영역을 자극시키는 훈련을 받아야 합니다. 그렇지 않으면 100% 수술의 효과는 기대할 수 없습니다.

아이가 불편하고 짜증나요.

아이의 심리상태를 검사한 결과, 제대로 발음 치료를 받지 못한 아이가 자신이 표현하려고 하는 것이 발음 때문에 잘 전달되지 않는 불편함에서 오는 짜증이 증폭된 상태였습니다.

아이는 유치원에서의 수업 참여도 역시 낮았습니다. 수업 중 말을 하면 잘 못 알아듣는 경우가 많고, 영어 수업시간에 발표를 많이 하지 않기 때문에 영어 발음을 수정해줄 기회도 없었다고 합니다.

감정 기복이 심한 이유는, 친구와의 상호 의사소통이 안 되기 때문에 친구들과 놀다가도 갑자기 울거나 떼를 쓰기 십상이기 때문입니다. 친구가 자기 발음을 못 알아들으니 말하기보다는 울고 떼를 쓰게 되는 것입니다. 이럴 경우는 아이의 영어 발음 교정보다 모국어 발음 교정이 급한 상태라고 볼 수 있습니다.

영어 발음, 제대로 알면 미치지 않아요.

❶ '스피킹 영재' ≠ '발음 좋은 아이'

스피킹을 잘하는 아이는 발음이 좋은 아이가 아니라, 하고 싶은 말을 정확히 하는 아이라는 것을 명심해야 합니다. 할 줄 아는 말만 하기보다 하고 싶은 말을 하는 아이가 영어 말하기를 잘하는 아이입니다.

물론 원어민과 같은 발음을 낼 수 있다면 좋겠지만, 외국어의 학습이 다른 나라 사람들과의 의사소통에 있다면, 굳이 발음을 위해 지나치게 많은 시간과 돈을 낭비하고 수술까지 감행할 필요는 없지 않을까요?

❷ 장점을 찾는 홈스쿨링

영어는 발음이 전부가 아닙니다. 아이가 잘하는 부분을 칭찬해주어야 할 것입니다. 즉, 장점을 찾는 홈스쿨링을 해야 합니다. 발음이 좋지 않다고 해서 표현할 기회를 막아서는 안 됩니다. 아이가 말하기보다 듣기와 쓰기를 잘한다면, 서툰 발음을 지적해서 입을 닫아버리는 행동을 할 것이 아니라, 잘하는 부분을 칭찬해서 서서히 발음의 자신감을 회복하게 해주어야 합니다.

❸ 발음 교정의 시작은 모국어 발음부터

한국어와 영어 발음이 모두 좋지 않은 아이들은 일단 한국어 발음을 잡아주는 것이 우선입니다. 한국어 발음은 좋은데 영어 발음만 안 좋은 경우엔, 학습법을 바꾸면 바로 개선이 됩니다. 하지만 한국어 발음에도 문제가 있는 경우라면 구개운동이나 언어치료 등 의도적인 치료가 반드시 선행되어야 합니다.

❹ 발음 교정은 체계적으로.

체계적 훈련이 있다면 모국어와 영어 발음을 개선하는 것은 크게 어려운 일은 아니랍니다. 아이가 영어 발음을 제대로 이해해야 발음이 좋아질 수 있음을 명심하세요. 아이의 발음이 교정되길 바란다면, 영어 발음의 원리를 정확히 알고 발음 교정 해결책을 찾는 것이 현명한 방법입니다.

아이 관련 교육 정보를 확인 없이 맹신하고 혀를 길게 하는 설소대 수술을 했다고만 해서 발음이 좋아지는 것은 결코 아닙니다. 아이의 발음 문제는 혀의 길이 문제가 아니라 혀의 움직임, 즉, 혀 운동성의 문제입니다. 따라서 설소대 수술이 아이의 발음을 좋게 해준다는 건 의학적으로 증명된 바 없습니다.

또한 접시의 딸기잼을 핥는 것도 발음 교정에 도움을 주지 않습니다. 껌 같은 것을 씹는 운동을 많이 시키고 또박또박 책 읽는 연습을 반복하는 것이 올바른 발음 형성에 도움이 됩니다. 인터넷에 떠도는 정보를 맹신하는 것은 옳지 않아요.

"발음이 좋아지려면 ~해야 한다더라" 식의 잘못된 정보를 확인 없이 믿고 내 아이에게 사용해서는 안 될 것입니다. 아이에게 평생 지울 수 없는 트라우마가 될 수 있거든요.

> **트라우마[trauma]란?**
>
> 일반적인 의학용어로는 '외상外傷'을 뜻하나, 심리학에서는 '정신적 외상', '(영구적인 정신 장애를 남기는) 충격'을 말하며, 보통 후자의 경우로 쓰이는 경우가 많습니다.
>
> 트라우마는 선명한 시각적 이미지를 동반하는 일이 극히 많으며, 이러한 이미지는 오래 기억되는데, 트라우마의 예로는 사고로 인한 외상이나 정신적인 충격 때문에 사고 당시와 비슷한 상황이 되었을 때 불안해지는 것 등을 들 수 있다고 합니다.

❺ 영어 교육은 아이와의 합의하에, 아이의 상황에 따라.

설소대 수술 이후 아이들이 받는 심리적 충격을 생각해야 합니다. 내 혀 밑을 허락도 없이 갑자기 자르고 수술했다고 생각해보세요. 충격을 받지 않을 수 있을까요?

내 아이라 해도 수술의 이유를 이해시키고, 사전 동의를 구하는 것이 먼저입니다. 아이 교육 문제는 당사자인 아이와의 합의가 있어야 합니다.

또한 설소대 수술을 했다면, 곧바로 발음 교정 훈련이 이어졌어야 했습니다. 즉 적절한 구개운동과 발음 교정을 해주어야 합니다. 이건 아이의 신체 변화가 있다면 학습법에 대해 다시 고민해 보아야 한다는 뜻입니다.

설소대 수술을 받은 아이들 중에는, 영어 발음 향상 효과가 없거나 트라우마를 겪는 경우가 허다합니다. 또 수술 이후에는 반드시 전두엽 내 브로카 언어치료가 뒤따라 이어져야 합니다. 그렇게 하지 않으면 100% 수술 효과가 없습니다.

브로카[Broca]란?

우리의 뇌 중 좌뇌에는 각기 발견자의 이름을 따서 브로카 영역(Broca's area)과 베르니케 영역(Wernicker's area)이라 부르는 유달리 큰 피질의 덩어리가 두 개 있습니다. 이것들은 왼쪽 귀의 윗부분에 위치하며, 하나의 깊은 홈으로 나뉘어져 있습니다. 브로카 영역과 베르니케 영역은 인간의 뇌에서 언어중추의 핵심적인 두 부분입니다. 구球의 앞쪽이 브로카 영역인데, 입과 혀, 목구멍, 성대를 담당하며 우리가 말을 할 수 있게 해줍니다. 베르니케 영역에서는 듣는 단어의 의미가 이해됩니다.

예를 들어 우리가 연필을 보고 연필이라고 말하는 과정을 생각해 볼까요? 시각視覺의 인지를 통하여 후두엽後頭葉에 들어온 연필의 정보는, 뇌의 베르니케영역에서 그 뜻이 해독되고, 브로카 영역을 지나 성대와 입-입술-혀-턱에 명령을 내려서 소리가 합성되어 나오는 것입니다.

이 과정에서 시각의 인지가 떨어지면 단어 자체의 인지가 되지 않고, 베르니케 영역의 기능이 떨어지는 경우에는 유창하게 말은 하지만 연필을 제대로 이해하지 못해 엉뚱한 말을 하게 되며, 브로카 영역이 좋지 못하면 연필은 이해를 하지만 말이 제대로 나오지 않게 되는 것이죠.

❻ 발음 교정 최고의 약은 자신감!

　발음의 열등감은 표현력의 발목을 잡을 수 있습니다. 아이가 자유로운 상상력과 생각들을 발음의 열등감 때문에 표현하지 못하는 것은 옳지 않죠. 말하는 스피킹 훈련을 통해 영어 표현력에 날개를 달아주는 영어 학습법이 필요합니다.

　또한 아이의 발음 자체가 정말 안 좋은지, 자신감 상실로 자신 없이 발음하고 있는지를 살펴보아야 합니다. 어른들도 자신감이 없을 땐 웅얼거리지 않습니까? 아이들에게 자신감을 향상시켜주는 것이 중요합니다.

　아이에게 "아빠를 닮아서 혀가 짧아 발음이 안 좋은 거야." "넌 영어를 잘 할 수 없는 조건을 타고 났구나." 등의 이야기를 해서는 안 됩니다. 아이에게 열등감이 생겨 더욱더 발음에 대한 자신감이 생기기 어렵습니다.

　발음의 자신감을 증진시키기 위해서는 지적을 줄이고 반복해서 시키는 것을 피해야 합니다. 아이에게 영어 대답을 강요하지 않는 순간, 아이는 적극적으로 표현하는 아이로 변해갈 수 있습니다. 아이의 얘기가 궁금하면 아이의 입을 보면서 잔소리할 것이 아니라, 아이의 눈을 바라봐주세요. 아이의 자신감은 스피킹과 표현 욕구를 상승시켜줄 수 있습니다.

　또한 다른 아이들과의 비교로 인한 부담을 주기보다, 아이의 장점을 캐치한 칭찬 교수법이 필요합니다. "넌 'apple' 발음할 때 입 모양이 정말 예쁘구나!" 이런 엄마의 칭찬은 아이의 입을 열게 할 수 있습니다.

바람직한 발음 교육

　우리 아이, 스피킹에 강한 아이로만 키우고 싶으세요? 아니면 영어를 좋아하는 아이로 키우고 싶은 건가요? 아이의 영어, 그 목표를 잡아야 합니다. 영어의 발음에 집착하던 시대는 지났습니다.

미국 대학에는 세계 각국의 유학생들이 많이 있습니다. 예컨대 인도 유학생들의 발음은 정말 원어민과는 거리가 먼 독특한 인도식 발음입니다. 그러나 인도에서 온 학생들은 수업시간에 발표하고 질문하고 너무도 활발하게 영어 수업에 참여한다고 합니다. 자신의 생각이나 의견을 거리낌 없이 표현한다는 얘기죠. 왜냐하면 인도 학생들은 설사 발음이 좀 이상해도 자신이 생각하는 내용을 유창하게 말하면 된다고 생각하기 때문입니다. 아무도 그들이 영어를 못한다고 말하지 않습니다.

물론 발음은 영어를 말하는 데 중요하긴 합니다. 그러나 꼭 원어민처럼 발음을 해야 하는 것은 아닙니다. 발음이 영어의 모든 것은 아님을 명심하세요. 맞게 발음 할 때까지 다그치고 반복시키던 영어 공부로는 어떤 아이도 영어 실력을 향상시킬 수 없습니다. 발음을 지적하지 말고, 아이가 생각하는 것을 입으로 소리 내는 것만으로도 감사하게 생각하고 자꾸 칭찬해주어보세요. 할 줄 아는 말만 하는 아이가 아니라, 하고 싶은 말을 하는 아이가 되기 위해서는 발음에만 집착해서는 절대 안 됩니다.

* 언어 발달에 관해 도움을 받을 수 있어요 :

서울 언어치료센터 http://www.sslcc.co.kr/ 02) 419-4192
강남 연세소아청소년상담센터 http://www.yonseiwel.com/ 02) 543-7942

조기 어학연수에
미친 엄마

03
———

"어학연수만 다녀오면 아이가 영어를 잘할 것 같은데…" 주변 아이들이 방학 때 3개월씩 외국으로 캠프를 다녀오면, 나도 저렇게라도 해야 되는 거 아닐까 불안하세요?

외국인 앞에선 벙어리가 돼버린 나의 경험을 거울삼아 더 나은 교육을 시키고 싶다는 생각에 영어캠프, 영어 조기유학을 보내는 엄마들이 늘고 있습니다. 영어만 사용해야하는 환경에 놓이면, 말문이 열리고 영어 눈이 밝아질까요? 영어 한 가지만 습득할 수 있다면 기러기아빠도 감수해야 하는 걸까요? 영어만 잘 할 수 있다면… 이라는 생각에 연령에 맞는 다른 교육도 포기하고, 영어 유학을 선택하는 엄마들이 늘어나고 있습니다.

"급한 것은 국어, 사회, 과학, 이런 과목이 아니에요. 영어가 앞으로 잘살고 못사는 기준이기 때문에, 다른 과목을 다 포기하고서라도 영어만 잘하면 돼요!"

자영(가명) 엄마는 자영의 영어를 위해 다른 과목을 모두 포기하고 1년간 말레이시아 유학을 보냈습니다. 말레이시아 고모네 집에서 1년간 유학을 끝내고 돌아온 자영은 현재 한국으로 돌아와 학교에 다니고 있고, 필리핀 가사도우미에게 자영의 영어 공부를 돕도록 하고 있습니다. 달랑 알파벳만 공부하고 떠난 자영이 1년 만에 영어 말문이 트여 돌아왔다는 점에서 자영 엄마는 일단 만족스럽긴 합니다.

하지만 문제는 1년간 영어유학을 다녀온 자영의 영어 실력은 의식주와 관련된 생활영어에서만 발휘될 뿐, 막상 문법이나 교과서 영어에서는 또래 아이들의 영어 실력에 한참을 못 미치는가하면, 학교나 학원의 영어 정규수업을 제대로 따라가지 못하는 점 때문에 자영엄마는 너무 걱정입니다. 1년간의 영어 유학으로 정규수업을 이수하지 못해 자영은 영어 이외의 다른 학과 과목도 상당히 뒤처져 있습니다.

글로벌 시대인 만큼 영어가 중요하고, 자영이 영어를 잘해서 글로벌 기업의 해외파트 담당자나 영어통역사가 되길 바라는 자영엄마는 아이가 다른 모든 과목을 포기하고서라도 영어만 잘 한다면 문제없다고 생각하고 있습니다. 그러나 지금 자영은 한국어 수업도 뒤처지고, 그렇다고 한국에서 공부한 아이들보다 영어를 월등하게 잘하는 것도 아닙니다. 엄마는 계속 아이의 영어실력이 늘지 않는다면, 또 다시 유학 이외에는 방법이 없다고 생각합니다. 자영의 영어. 다시 또 유학 가야만 실력이 늘 수 있는 것일까요?

> **조기 영어 어학연수는?**
>
> 미국, 캐나다, 호주, 뉴질랜드, 필리핀, 싱가포르 등, 영어를 일상적으로 사용하는 나라에서 1개월 이상 거주하면서 원어민이 지도하는 학교나 캠프 등의 영어 교육 시설에서 영어 학습을 경험하고, 영어와 관련한 다양한 활동을 하며 주변의 영어 사용자와 교류하는 것을 말합니다.

아이의 한숨이 늘어가요.

어학연수를 다녀오는 동안 한국에서의 수업을 놓친 아이는, 구구단을 완전히 못 외워 수학 시간에 한숨이 나옵니다. 영어 또한 읽는 것은 막힘없이 술술 하겠는데, 무슨 뜻인지는 전혀 몰라서 영어 시간에도 한숨이 나옵니다. 알고 있는 몇 개의 단어만 반복하다보니, 말문이 막혀 한숨 밖에 안 나옵니다.

문장 구조와 규칙에 대한 이해와 정확성이 부족한 상태이고, 국내에서라도 1년만 하면 얼마든지 가능한 영어 수준입니다.

그래서 한국어 수업이건 영어 수업시간이건, 아이는 한숨이 나올 뿐입니다.

영어 조기유학, 제대로 알면 미치지 않아요.

❶ 모든 과목의 기초는 국어!

　영어 교육 전문가조차 국어를 하지 않으면 영어를 비롯한 전 과목이 뒤처진다고 말합니다. 모든 과목의 기초는 국어입니다.

　모국어도 제대로 익히지 못한 채 영어를 접하게 되면 한국어와 영어 모두 어중간해질 수 있습니다. 또한 전 과목 점수가 낮아지는 것은 당연한 결과! 조기 어학연수를 가는 학생들은 영어에 앞서 국어가 완전하지 않으면 한국으로 돌아와 더욱 뒤처질 수 있다는 것을 잊으면 안 됩니다.

　만약 조기유학을 다녀와서 기본적 회화는 되는데 문법에 맞는 교실 영어가 안 된다면, 영문법 학원보다는 아이의 국어 실력 향상에 포커스를 맞추는 것이 좋습니다.

　모국어는 외국어를 잘 할 수 있는 기초가 되기 때문에 이 점은 꼭 염두에 두어야 합니다. 영어 회화를 잘 하려면 국어 어휘 테스트부터 먼저 시작하는 것이 중요합니다. 국어 어휘력이 부족한 상태에서의 조기유학은 실력을 늘리는 데 한계가 있습니다.

❷ 당신은 유학 신봉자?

　유학의 효과를 맹신하면 안 됩니다. 유학이 다 해결해줄 거란 안일한 태도는 조기유학 실패에 가장 큰 원인이 될 수 있습니다. 유학에 투자한 비용에 비해 아이가 사용하는 언어들의 수가 한정되는 경우가 많습니다. 현지에서 생활하며 배운 영어는 문법적으로 잘못된 표현이거나 축약형 등, 커뮤니케이션에 급급한 영어가 대부분입니다. 영어 조기유학을 다녀온 아이들은 영어로 말할 때 스스럼없고 자연스러울지는 모르지만, 내용과 문법이 엉망인 경우가 다반사인 것이죠.

따라서 조기 어학연수를 다녀온 후에는 정확하고 객관적인 영어 레벨(수준) 파악을 해보는 것이 좋습니다. 유학이 모든 것을 해결해줄 거라는 막연한 믿음으로 엄마가 아이를 낯선 타지 이방인들 사이에 덩그러니 방치한 것은 아니었는지, 반성해볼 필요가 있습니다.

❸ 아이의 영어 말하기는 양보다 질!

영어 문장에 대한 기본 구조를 모르는 아이들은 자신이 확실히 안다고 생각하는 몇 개의 단어만을 가지고 단어를 나열하듯 이야기를 하게 됩니다. 말문이 트인 것만 가지고 서둘러서 조급해 하면 안 됩니다.

단기 유학을 다녀온 학생들의 공통적인 문제점은, 몇 마디 말은 잘하는데 완성된 문장을 만드는 데 어려움을 느낀다는 것이죠. 그래서 단기 유학을 다녀온 아이들은 기본적인 표현만을 반복하는 경우가 많습니다. 즉 간단한 생활영어는 되지만 단답형 문장을 만드는 데 머무르는 하찮은 실력을 얻을 뿐입니다.

많은 말을 하는 것보다 어떤 말을 어떻게 하는지가 관건關鍵입니다. 즉, 영어의 양보다는 질이 중요하다는 것입니다.

❹ 조기 유학 대신 다독多讀으로 영어 정복

영어의 기초가 있는 아이들은 많이 읽을수록 영어 실력이 향상됩니다. 정돈된 문장과 정확한 어휘를 배울 수 있는 책으로 스토리를 이해하는 다독 학습을 해야 합니다. 형용사가 무엇인지, 명사가 무엇인지 몰라도 문장을 완성할 줄 아는 능력과 문법 실력을 갖추게 되니까요. 서점에 가서 아이가 읽고 싶어 하는 책을 골라서 아이가 직접 읽게 해주세요. 문장을 읽을 때 단어에 집착하지 말고 내용을 이해하는지 살펴보세요. 또한 아이가 감정을 살리고 리듬감을 실어 읽도록 도와주세요.

(1) 책이 쉬워야 해요.

많이 읽기 위해서는 어려우면 안 됩니다. 자기 수준에 맞는 것으로 사전의 도움을 받지 않고 읽을 수 있는 수준이어야 합니다. 보통 부모님들은 책을 고를 때 어려운 책을 택해 사전을 찾아서 공부할 수 있도록 하는데, 그건 좋지 않습니다.

(2) 책이 재미있어야 해요.

아무리 쉬운 책이라도 재미가 없으면 많이 읽을 수 없습니다. 그러므로 아이 스스로 책을 선택하게 합시다. 스스로 선택한 재미있는 책의 이야기를 이해함으로써, 문법이나 문자의 쓰임을 자연스럽게 익힐 수 있습니다.

(3) 책을 반복해서 읽어야 해요.

같은 책을 반복해서 읽는 것도 좋은 방법입니다. 아이가 선택한 재미있는 쉬운 책을 반복해서 읽다보면 아이는 자기도 모르게 어느 상황 속 문장을 통째로 외우게 됩니다.

마음껏 영어책을 읽을 수 있는 어린이 영어 도서관 :
-마포 어린이 영어도서관(서울 마포구 도화동) ☎02-716-3987, http://elc.mapo.go.kr/

- LMP센터(서울 강남구 대치4동) ☎02-566-6115, www.lmpcenter.com
- 도서관 옆 신호등(서울 서초구 반포동) ☎02-553-0177, www.kidstd.com
- 잉글리시 프리미어 반포·양재·방배 센터, http://eps.seocho.go.kr
    ☎ 02-2155-8651~2(반포센터), 02-2155-8804(양재센터), 02-2155-8912~3(방배센터)
- 키위도서관(서울 강남구 청담동) ☎ 02-511-9018, www.kidskiwi.com
- 북츄리(경기도 고양시 일산구 일산4동) ☎ 031-908-7358, www.booktree.co.kr
- KnK영어도서관(경기도성남시분당구구미동) ☎ 031-714-6771, http://knk.winbook.kr
- 부산 영어도서관(부산시 부산진구 부전동) ☎ 051-818-2800, www.bel.go.kr
- 꿈나래 어린이 영어도서관 (서울 마포구 망원동) ☎ 02-323-1840, http://dream.mapo.go.kr
- 청파 어린이 영어도서관 (서울 용산구 청파동) ☎ 02-702-0641, http://www.celc.go.kr

❺ 영어 교육을 위한 로드맵

2년 이상 외국에서 살다온 아이들은 한국 교육에 적응하기 위해 반드시 국어 교육이 필요합니다. 또한 어학연수 이후 한국에서의 영어 연계 교육도 신중하게 계획해야 합니다.

"일단 보내고 보자, 간 뒤에 해결 되겠지…"라는 주먹구구식이 아니라 유학 전후의 영어실력을 어떻게 관리할 건지도 고민한 장기적인 안목의 유학 계획이 필요합니다. 고급영어를 잘하는 것이 목적이라면, 유학은 고등학교 진학 후 아이들의 의사를 충분히 들어본 뒤 교육환경이 검증된 보딩 스쿨로 보내는 것도 권장할 만합니다.

어학연수의 목적을 분명히 하고, 득과 실을 따져본 이후 영어 어학연수를 결정해야 할 것입니다.

조기 어학연수 계획하신다면 득과 실을 꼼꼼히 따져보세요.

아이의 성격과 상황, 집안 사정 등을 고려하여 득과 실을 따져 보아야 할 것입니다.

장점	단점
• 다른 나라 친구들을 사귈 수 있다. • 선생님, 친구들과 영어로 많이 이야기할 수 있다. • 다양한 게임과 노래를 배울 수 있다. • 영어권 문화를 체험할 수 있다. • 영어책을 읽을 기회가 많다. • 영어로 글을 쓸 기회가 많다.	• 가족들과 떨어져 있어 외롭다 • 말이 통하지 않아 힘들 수 있다. • 친구들을 사귀지 못해서 힘들다. • 언제나 영어로만 이야기해서 힘들다. • 연수 후에도 영어로 말하는 것이 쉽지는 않다.

바람직한 조기 어학연수

초등학생들의 단기 영어캠프나 영어유학이 나쁘다고만 말할 수는 없습니다. 단지 무작정 영어에만 목숨을 걸면 안 된다는 것입니다. 편안하게 보고 즐길 수 있을 정도로만 하고 오면 훨씬 더 효과를 볼 수 있습니다. 오직 영어를 잘하는 것만이 목적이라면, 국내에 있는 다양한 영어 캠프를 활용해보는 것도 좋은 방법이 될 수 있습니다.

여러 형태의 가능성을 염두에 두고 다양한 방법으로 접근하는 것이 바람직합니다

**조기 어학연수,
미칠 필요가 없습니다.**

홈스쿨링 영어에
미친 엄마

04
———

　우리나라 엄마들은 현재 두 가지 언어를 사용하는 것과 그 언어능력에 대해 관심이 높습니다. 우리 아이가 한국에 살면서 영어와 한국어를 둘 다 잘한다면 얼마나 좋은 일일까요?

　부럽지 않은 엄마가 어디 있겠어요? 그래서 실력 있는 엄마들은 집에서 홈스쿨링으로 아이에게 영어를 가르칩니다. 블로그나 카페를 운영하며, 별의별 정보들을 공유하고 자신의 교육과정을 공개합니다. 그러다보니 어느새 '내 아이의 엄마'는 사라지고 '24시간 영어 선생님'만 남게 됩니다.

> "영어가 original 이야. 한국어는 fake라고. 영어로 된 책을 사야지"
> 오늘도 찬혁이는 한글로 된 책이 보고 싶어서 눈물이 납니다. 엄마는 번역본으로 된 한글동화를 fake라고 말하면서, 찬혁이에게 영어동화

책을 들이밉니다. 찬혁이 엄마는 영어로 된 책이 오리지널이니까 한국 사람이 번역한 건 페이크라고 생각해서 영어로 된 책을 보게 하는 것이 당연하다고 생각합니다.

찬혁이 엄마는 하루 방문자만 1,000명 이상인 영어 홈스쿨링 블로그를 운영하고 있어서, 영어 홈스쿨링 계의 '엄마표 영어'에 관한 한 자타가 공인하는 스타입니다.

호주유학파에다 영어 선생님 출신이라, '엄마 선생님'으로서 자신의 방식이 아이에게 최선이라고 믿으며, 엄마는 영어를 잘하는데 아이가 영어를 못하는 건 말도 안 된다고 생각합니다. 아이 영어 교육에 관해 알고 있는 온갖 노하우들을 적용하고 있기 때문에 자신의 방법이 확실히 맞는데, 아이가 원래 언어에 느리고 ADHD 증상까지 있어 보이는 데다 아빠가 한글 책을 너무 많이 읽어주어 찬혁이의 영어 발달이 늦다고 믿고 있습니다.

"명색이 영어 선생님이었는데, 아이가 영어를 못하는 이유를 모르겠어요."

다른 아이들은 자신이 말해주는 학습법으로 영어를 훌륭하게 공부하고 있는데, 찬혁이만 못하는 것이 너무 이상하고 화가 난다는 거죠.

"엄마가 영어를 잘하니까 아이도 잘하나봐." 주변 사람들의 기대감에 부응하고 싶을 뿐입니다. 블로그 속 영어 영재를 만들기 위해 찬혁이 엄마는 현실 속 찬혁이를 느리고 못난 아들로 몰아붙이면서 오늘도 열심히 자기 방식으로 영어 교육을 시키고 있습니다.

〈엄-영-미 2화〉 찬혁이 이야기

홈스쿨링(Homeschooling)이란?

학교가 아닌 집에서 부모나 가정교사가 아이를 가르치는 것을 말합니다.

홈스쿨링은 두 가지로 생각해 볼 수 있습니다. 공교육의 대안 교육으로서의 홈스쿨링과 취학 전 준비 교육으로서의 홈스쿨링 말입니다. 본디 홈스쿨링이라는 것은 "학교에 보내지 않고 집에서 부모나 가정교사가 아이들을 교육시키는 것"이라고 합니다. 그렇다면 기존 공교육을 대체하는 대안 교육의 한 방법이라고 할 수 있지요. 하지만 우리나라에서는 영·유아 교육, 취학 전 준비 과정으로서의 홈스쿨링이란 의미로 흔히 쓰이고 있습니다.

아이가 스트레스를 받고 있어요.

아이는 영어만 나오면 산만해지고 수업 집중을 못하는 상태입니다. 집중시간이 짧고 앉아있는 시간이 길지 않으며, 계속 딴 짓을 하고 다른 곳을 쳐다보는 시간이 깁니다.

"영어 이름으로 부르면 온몸에 전기 나는 것처럼 너무 싫어요."라고 말하는 영어 노이로제 상태입니다. 3년 동안의 강압적 영어 교육으로 아이는 영어 스트레스를 많

이 받아 영어라면 강한 거부증세를 보이고 있습니다.

아이는 스트레스로 인해, 명확하지 않은 말을 반복하고, 종이를 주면 그림을 그리지 않고 연필로 찍는 등의 평범하지 않은 돌발행동을 하고 있는 상태입니다. 그러나 이런 아이들의 불안정한 행동을 모두 ADHD라고 단정하면 안 됩니다.

불안한 정서의 원인은 산만한 성격일 수도 있고 학습 방법 등일 수도 있습니다. 또한 놀이 경험이 부족한 아이들이 내재적^{內在的}인 분노가 쌓여 정서적 불안정 상태를 보일 수 있습니다. 정서 불안의 원인을 찾고 해결해주도록 하세요.

•• 아이의 스트레스를 줄이려면?

아이가 하는 말을 비판 없이 들어줘라
작은 일도 아이와 대화하는 습관을 가져라.
사소한 일도 칭찬하고 격려해라.
몸을 써서 즐겁게 할 수 있는 놀이를 찾아라.
가족이 큰소리로 함께 노래를 불러라.
힘들 땐 엄마 품에 안겨 실컷 울게 해라.
일주일에 한번 이상 뭐가 힘든지 물어봐라.
자주 안아주고 사랑하는 마음을 보여줘라.

대한 소아 · 청소년정신의학회 자료 참고

•• ADHD(Attention Deficit Hyperactivity Disorder) 알아두세요.

주의력결핍 과잉행동장애(ADHD)는 학령기 및 학령 전기 아동에서 흔히 나타나는 소아정신과 질환으로 지속적인 주의력결핍, 과잉행동 및 충동성의 증상을 보이며, 아동의 정상적인 학교생활과 가정생활에 큰 지장을 초래하는 장애입니다. 학교를 다니는 아동의 3~5%에서 주의력결핍 과잉행동장애(ADHD)가 발생하며, 남자아이들이 여자아이들보다 3~4배가량 많습니다. 주의력결핍 과잉행동장애(ADHD) 아동은 학업 수행에서 어려움을 보일 뿐 아니라 행동 조절에도 문제가 있어 또래 관계에서 어려움을 보이게 됩니다.

심리학자 코너스(Keith Conners)의 ADHD 자가진단 평가지입니다. 아이가 열 가지 행동을 어느 정도 보이는지, 해당 점수에 표시해보세요.

총 10개의 문항 점수를 더해서 16점이 넘으면 주의력 결핍 및 과잉행동장애(ADHD)일 가능성이 있습니다. 이 경우 소아정신과 전문의와의 상담 및 자세한 검사를 받아보아야 합니다.

점수 확인 기준 :

(0) 전혀 없음 (1) 약간 있음 (2) 상당히 많음 (3) 아주 심함

문항	내용	점수			
1	차분하지 못하고 지나치게 활동적이다	0	1	2	3
2	쉽게 흥분하고 충동적이다.	0	1	2	3
3	다른 아이들에게 방해가 된다.	0	1	2	3
4	한번 시작한 일을 끝내지 못하고 주의 집중 시간이 짧다.	0	1	2	3
5	늘 안절부절 못한다.	0	1	2	3
6	주의력이 없고 쉽게 주의가 분산된다.	0	1	2	3
7	요구하는 것은 금방 들어주어야 한다. 그렇지 않으면 쉽게 좌절한다.	0	1	2	3
8	자주 또 쉽게 울어버린다.	0	1	2	3
9	금방 기분이 확 변한다.	0	1	2	3
10	화를 터뜨리거나 감정이 격하기 쉽고, 행동을 예측하기 어렵다.	0	1	2	3

홈스쿨링, 제대로 알면 미치지 않아요.

❶ 엄마는 엄마여야...

영어 홈스쿨링을 하려는 엄마들에게 꼭 당부할 말!!

아이에게 하루 종일 선생님이 되어서는 안 됩니다. 아이가 엄마랑 사는 것이 아니라 선생님이랑 산다고 생각하게 만들면 안 된다는 얘기죠. 푸근하고 재미있는 엄마는 어디에도 없고 지적하고 숙제를 내주는 엄마만 있어서는 안 됩니다.

엄마 선생님은 생활 속에서, 아이가 듣든 말든, 자연스럽게 영어를 사용하는 것이 좋습니다. 영어로 대답할 때까지 계속 강요하면 아이가 영어 때문에 심각한 스트레스를 받으니까요. 아이가 영어로 말하기 시작할 때는 쉽고 편안한 영어 환경이 중요합니다. 즉, 영어라는 언어에 적응할 수 있는 시간을 주어야 합니다.

아이가 듣든 말든 생활 속에서 자연스럽게 영어를 사용하세요. 제발 강요는 금물!

❷ 엄마 선생님은 무조건 최고? NO!

엄마들은 내 아이 교육이니 내가 무조건 잘 할 수 있다는 오만과 편견을 가지기 쉽습니다. 엄마가 완벽하다고 생각하는 교육법으로 내 아이의 영어 실력이 나아지지 않았다면, 주변 탓을 하지 말고 나의 교육 방법을 반성해야 합니다.

엄마가 자신의 영어 실력만을 믿고 강요와 주입으로 가르치는 영어 집착은, 아이에게 영어에 대해 나쁜 기억을 남겨 평생 영어를 싫어하게 만들 수 있습니다.

아이가 물을 원하고 있는데, 나는 단지 좋다는 이유로 아이에게 맞지도 않는 보약을 먹였던 것은 아닌지 반성해볼 필요가 있습니다.

❸ 아이 기다려주기

영어란 급하게 생각해서는 안 되는 언어입니다. 멀리 보는 단계별 영어 학습이 중요함을 기억해야 합니다. 아이의 영어 교육 단계를 세분화(細分化)해서 계획하세요.

영어를 잘하는 아이로 빨리 만들고 싶은 욕심에 아이에게 늘 명령문으로 말하고 있지 않나요? 강요와 주입에 의한 성급한 영어는, 처음에는 흥미를 느끼게 할지 몰라도 어느 시점부터 아이에게 영어란 지겹고 힘들고 괴로운 것이라는 기억을 갖게 만듭니다. 아이가 영어를 스스로 원할 때까지 기다려 주세요.

멀리 보는 자연스러운 교육으로 아이의 영어 거부감을 줄여주어야 합니다. 영어는 멀리 보는 단계별 학습이 중요합니다.

❹ 중요한 건 학습 동기

아이가 무엇을 좋아하는지 취향을 파악해야 합니다. 만화, DVD 등 아이가 좋아하는 것에다 영어를 접목해보세요. 문제는 영어 시작 시점이 아니라, 아이의 학습 동기입니다. 또 의욕의 문제입니다. 아이가 좋아하는 흥밋거리를 영어에 접목해야 합니다.

엄마가 알고 있는 홈스쿨링의 방법이 맞더라도, 그 방법을 내 아이에게 어떻게 적용할 것인가가 대단히 중요합니다.

❺ 영어 공부 시간은 아이 스스로 정하도록

아이에게 하루 종일 영어를 들려준다고 해서 아이가 이중 언어를 할 수 있는 것은 아닙니다. 단 10분을 공부하더라도 아이의 기억에 생생하게 남기는 것이 중요합니다. 아이의 취향과 성격을 반영하여 공부 시간을 정하는 것이 좋을 것입니다.

5~6세 아이의 경우 한 번에 집중할 수 있는 시간은 평균적으로 10분~15분입니다. 그렇기 때문에 아이들이 3시간씩 수업을 해봤자 그 3시간이 전부 머릿속에 들어가는 것은 아닙니다.

아이가 원하는 시간에 원하는 만큼만 영어를 보여 주세요. 엄마가 보여주려고 정한 시간에 보여주고 싶어하는 양이 아니라, 아이가 보고 싶어 하는 시간에 보고 싶은 만큼 보여주는 것이 중요합니다. 자기가 원하는 시간에 자기가 원하는 양을 해야 집중력이 높아지고, 산만해지지 않거든요!

❻ 모국어라는 뿌리

모국어 기반이 확실해야 아이의 영어 실력이 늘 수 있습니다.

어릴 때부터 영어 듣기만 해온 아이들은 한글로 이해한 배경 지식이 없을지도 모릅니다. 한글로 먼저 이해한 배경 지식이 없으면 영어 공부는 아무런 의미가 없습니다. 아이의 우리말 독서 시간을 체크해보세요. 아이들의 독서량 부족에 따른 표현력의 한계도 문제입니다. 영어 스피킹은 모국어 동화 읽기 훈련을 해야 효과적입니다.

모국어가 완성되기도 전에 아이에게 외국어를 떠안기면, 아이들의 언어 발달 과정에 오히려 방해가 된다고 주장하는 학자들이 많이 있습니다.

한 가지 언어교육이 확실하게 이루어진 후에 다른 언어를 습득하도록 가르치지 않고 두 가지 언어를 동시에 교육하여, 아이에게 혼란을 줌으로써 언어 교육에 실패하는 사례들도 많이 있습니다.

　영어의 기초는 단어가 아닌 모국어 실력입니다. 모국어 능력이 떨어지는 아이는 점점 더 공부를 못하는 학습능력이 낮은 아이가 됩니다. 모국어 기반이 탄탄한 아이는 영어 스트레스를 쉽게 받지 않습니다. 따라서 영어 교육을 시작하기에 앞서, 우리아이가 연령에 맞는 모국어 발달을 하고 있는지부터 확인해보는 것이 좋습니다.

* 연령별 모국어 발달 알아두세요.

0-9개월	울음에서 옹알이로, 다시 패턴을 가진 소리로 발전합니다.
9-13개월	의사소통에 몸동작이나 소리를 사용합니다. 의미 있는 단어를 처음으로 말합니다.
13-18개월	의사소통에 몸동작을 사용하는 사례가 늘어납니다. (손가락으로 가리키기) 약 50개의 단어를 익히게 됩니다. 행동의 대상이 되는 사물을 나타내는 단어를 이해합니다. 한 단어를 문장처럼 사용합니다. 단어의 의미를 확장하여 사용합니다. (모든 남자를 아빠라고 합니다.) 단어의 의미를 축소하여 사용합니다. (노란공만 공이라고 합니다.)
18-30개월	만 2세를 언어의 폭발기라고 합니다. 어휘를 수십 개에서 수백 개로 증가시킵니다. 모방하고 대화에 참여합니다. 동물과 동물이 내는 소리를 짝지을 수 있습니다. 수사, 대명사, 동사를 사용하기 시작합니다. 두어 개 단어로 된 문장을 만들 수 있습니다. ("나 우유 먹을래")
30개월-5세	문법적인 형태소를 사용합니다. 3세 정도까지 900 개 정도의 어휘를 개발합니다. 의미 있는 문맥으로 언어를 사용합니다. 대화를 이어가기 위해 "음""어" 같은 무의미한 연결어미를 사용합니다. 의문문과 부정문을 사용합니다. 과거 경험을 말할 수 있습니다. 4~5개의 낱말로 된 단순한 문장을 사용합니다.
5-8세	성인 수준의 문법에 맞는 말을 할 수 있게 됩니다. 어휘력은 약하고 낱말의 개념을 정확하게 파악하는 것은 아닙니다. 6세 정도에 1만 단어에서 8세 정도에 2만 단어까지 어휘가 급격하게 증가합니다. 6~8개 낱말로 된 문장을 사용할 수 있게 됩니다.
8-11세	10세까지 어휘를 약 4만 개까지 사용할 수 있습니다. 유의어와 범주를 강조하는 단어를 정의할 수 있습니다. 복잡한 문법형태를 이해할 수 있습니다. 비유와 유머에서와 같이 단어의 이중적인 의미를 파악할 수 있습니다. 대화의 전략을 세련되게 할 수 있습니다.

바람직한 홈스쿨링

　　하루 종일 영어를 사용하고 영어 책만 본다고 해서 아이가 이중 언어 아동이 될 수 있는 것은 아닙니다. 미국 아이들조차 5살이면 능숙하지 않은 영어를, 우리네 5살짜리 아이에게 강요하는 것은 옳지 않습니다. 나는 어떤 모습의 엄마인가요? 우리 아이는 지금 어떤 모습인가요?

　　엄마 마음에 들기 위해 아이가 억지로 따라 와주는 건 아닌지 살펴보세요.

　　아이가 무엇을 좋아하는지, 무엇을 자랑하고 싶은지, 들어주어야 합니다. 반성해보세요, 엄마가 하루 종일 아이에게 영어로만 쏟아 붓고 있는 관계는 아니었는지.

　　아이가 바라는 것은 아이의 이야기를 따뜻하게 들어주는 엄마입니다. 아이에게는 지식을 알려주는 선생님이 아닌 따뜻한 사랑을 주는 엄마가 더 필요하다는 것을 명심하세요.

영어 홈스쿨링, 미칠 필요가 없습니다.

상위 1%를 위해!
'강남영어' 교육에 미친 엄마

05

　　엄마가 된 순간 여자인 내 인생보다 아이의 인생을 위해 사는 것이 당연하다고 생각하게 됩니다. 내 아이가 상위 1% 안에 들고, 서울대를 가고, 그렇게 해서 나중에 좋은 직업을 가지게 되면 좋겠습니다. 할 수 있다면, 최선을 다해서 뒷바라지 해주고 싶다는 것이 엄마들의 공통된 생각이겠지요. 그래서 여유만 있다면 교육 환경이 좋다는 강남으로 이사 가서 아이를 교육시키고 싶고, 아이에게 좋다는 학원은 다 보내고 싶습니다.

> "영어 교육을 강남에서 하지 않으면 영원한 루저가 되는 거예요"
> 　며칠 전 호정(가명)의 영어 때문에 강남 대치동으로 이사 온 엄마는 아주 기분이 좋습니다. 이제 대치동으로 이사 왔으니, 호정의 영어 성적이 오르는 것은 시간문제잖아요?

영어 공부를 잘하기 위해서는 강남의 아이들과 실력을 겨루어야 하고, 그 아이들과의 경쟁을 통해 상위 1%가 되어야 서울대를 가고, 남들이 부러워하는 직업을 가지고 인생을 편하게 살 수 있다고 생각하고 있습니다. 대치동 다방이라고 불리는 강남엄마들의 사교육정보 공유 장소에서 알찬 정보들을 얻는 자신이 뿌듯합니다.

'강남영어'에 미친 엄마 덕분에 호정의 하루는 아주 바쁩니다. 아침 8시에 일어나자마자 호정은 영어 단어 공부를 하고 단어 시험을 봅니다. 그리고 학원에 가서 원어민 수업을 받고 피아노와 태권도를 배운 후, 집에 돌아와 논술 수업을 받습니다.

이후, 밤늦게까지 엄마와 영어공부를 합니다. 엄마는 영어 단어 시험을 내고 틀린 개수대로 아이를 무섭게 때립니다. 집중해서 공부하게 만들려면 매, 다그침, 꾸중은 어쩔 수 없다고 생각합니다. 이렇게 밤낮으로 영어에 매달리는데도 호정의 영어 실력은 그다지 좋지 않습니다. 수입의 반 이상이 호정 공부에 투자되고 있는데 기대만큼 성적이 나오지 않으니, 화도 나고 그럴수록 아이를 더욱 닦달하게 됩니다. 호정은 오늘도 상위 1%가 목표인 엄마의 꿈을 위해 달리고 있습니다.

강남구 대치동에 미쳐있는 호정 엄마의 머릿속은?

- 강남에서 영어 교육을 받지 않으면 아이는 영원한 루저가 될 거야.
- 내 딸을 대치동 대곡초등–대청중학교–숙명여고–서울대를 보내는 것이 내 인생의 목표.
- 영어 공부를 잘하기 위해선 강남 아이들과 겨루어야 하고, 그

- 아이들과의 경쟁을 통해 상위 1%가 되어야만 서울대를 가고 남들이 부러워하는 직업을 가져 인생을 편하게 살 수 있을 거라고.
- 서울대 출신의 41%가 강남-서초-송파 출신이므로 어릴 때부터 강남에서 경쟁해야 서울대를 갈 수 있을 거야.
- 사교육 정보는 강남엄마들의 집합 장소에서! 거기서 알아낸 정보는 전적으로 신뢰!
- '영어는 돈지랄'이라는 말처럼 영어는 투자한 만큼 성과가 나타나기 때문에, 돈을 많이 들여서라도 아이의 영어에 투자해야 좋은 결과가 나올 거야. 힘들어도 참자!
- 수입의 반 이상이 공부에 투자되고 있는데, 집중하지 않고 기대만큼 성적이 나오지 않으면 화가 날 수밖에. 집중해서 공부하게 만들기 위해 순간적인 매나 다그침이나 꾸중은 어쩔 수 없지.
- 뒷바라지와 아이의 성적은 비례한다구. 나도 부모로부터 이런 교육적인 관리와 관심을 받았다면, 지금쯤 더 나은 삶을 살고 있을 텐데……

아이에게 열등감과 장애를 만들어요.

자신감이 상실된 아이는 한글 표현력에도 문제가 있습니다. 8살 정도의 여자아이들은 당돌하게 자기를 표현할 나이인데, 어릴 때부터 동화책을 읽고 마음껏 친구들과 놀며 표현력을 늘일 기회가 없었던 아이는 짧은 문장밖에 구사를 못하는 표현장애 상태입니다.

표현성 언어 장애는 상대방의 말을 또래 아동과 같은 수준으로 알아듣긴 하는데 표현이 더딘 것을 말합니다.

또한 영어에 대한 열등감은 발음도 어눌하게 만들고, 자신감도 없어지게 만들어 눈치를 본다든지 주눅이 들게 하고 있습니다.

"강남영어" 교육, 제대로 알면 미치지 않아요.

❶ 지역은 아이의 영어 실력과 무관

강남구 대치동에 살고 있는 아이들은 모두 '프리 토킹'에다 원어민 발음일까요? 절대 그렇지 않습니다. 강남 대치동 아이들 전부가 영어 신동은 아닙니다. 더욱이 어떤 지역이 아이의 인생을 결정한다는 것도 말이 되지 않습니다. 그렇다면 강남구 대치동에서 살면서 대치동에 있는 영어 학원을 다니고 있는 아이들은 모두 영어 영재여야 할 것입니다.

지역마다 영어 교육의 스타일을 갖고 있기는 하지만, 강북이든 부산이든 대전이든 영어를 잘하는 아이들은 어디에나 있는 법입니다. 대치동에 살아도 잘못된 교육법을 하고 있다면 아이의 영어 실력은 절대 향상되지 않습니다. 중요한 것은 강남구 대치동이 아니라, 아이에게 맞는 영어 교육법을 찾는 것입니다. 대치동으로 이사를 가서 대치동 학원에 입학한다고 해서 아이들이 영어를 잘하게 되는 것은 아니라는 거죠.

❷ '정답강요식' 공부법보다 스스로 틀린 이유를 찾는 공부법을!

영어만 잘하는 아이가 되길 바라나요? 아님, 궁극적으로 공부를 잘하는 아이가 되길 바라나요? 결국 엄마들이 원하는 것은 우리 아이가 공부를 잘해서 좋은 대학에 가길 원하는 것이 아닐까요? 영어 잘하는 아이냐, 공부 잘하는 아이냐, 엄마들이 정확하게 마음속에 포커스를 정하고,

내 아이에 맞는 공부법을 찾아 이런 것을 좋아하는 아이로 키우겠다는 목표를 정해야 합니다. 단, 영어는 중요하니까 영어를 끝까지 안고 가는 방법을 찾아서 스스로 공부하도록 만들어야 합니다.

자, 이렇게 생각할 때 '문제풀이식' 학습은 창의력 중심의 현재 입시 정책에 맞지 않습니다. 대치동 숙명여고나 휘문, 경기고등학교 아이들 중 전교 20등 정도인 아이들만이 서울대 연·고대에 진학할 수 있는데, 문제풀이식 학습법으로는 절대 20등 안에 들 수 없습니다. 지난 몇 년 동안 학원에서 명문대 진학한 강남 대치동 아이들 중 서울대 연·고대 진학한 아이들을 보면 기본적으로 자기주도학습自己主導學習이 되어 있는 아이들입니다.

책을 많이 읽어서 표현력과 상상력을 자극해줘야 1%의 아이가 될 수 있다는 것입니다.

🔍 자기주도학습(Self-Directed Learning)?

자기주도학습이란, 학습자 자신의 학습 상황과 욕구를 진단하여 학습 목표를 수립한 후 알맞은 학습 전략을 선택, 실천에서 평가까지 이르는 모든 학습 과정을 학습자 자신이 주도하여 진행하는 학습을 뜻합니다. 그러므로 아이들에게 자기주도학습을 몸에 익히는 것은 학교를 다니는 학창시절뿐만 아니라 자기주도적으로 계획을 세우고 실천해야만 하는 성인이 되었을 때까지 필요합니다.

❸ 동기부여가 중요

목표가 있는 아이는 스스로 공부하도록 동기 부여가 가능합니다. 엄마가 다그치며 시키는 공부보다 아이가 스스로 하는 공부의 재미를 알도록 해주는 것이 필요합니다.

아이에게 목표가 생기도록 도와주어 공부를 탐험할 수 있도록 해주어야 합니다. 동기가 없는 아이는 끌려 다닐 뿐입니다.

④ 엄마의 역할

어른들이 봐도 무서운 엄마에게 아이가 실수 없이 말할 수가 있을까요?

아이에게 이런 말을 해본 적은 없나요? "너, 까부는 시간이야? 너, 학교서도 수업 이 따위로 하지? 너, 이러고도 학교 다니니? 또, 또, 정신 안 차린다! 틀리면 맞는다! 그렇게 정신 딴 데 팔다가 틀리잖아."

영어를 못한다고 아이를 때린 적이 없나요? 체벌은 절대 안 됩니다. 그런데도 엄마들은 뭐라고 변명하는지 아십니까?

"그냥 틀린 것이 아니라 알고 있는 것도 틀리니 때리는 거라고요. 할 때 정신을 똑바로 안 차리니 함부로 말을 하게 되죠."

하루 종일 아이들이 하는 공부의 무게를 생각하면, 과연 아이들에게 무서운 얼굴로 다그칠 수 있을까요? 아이의 생활 속으로 들어가 아이를 바라봐주세요.

비교라는 부담감을 아이에게 주고 혼내기보다는, 장점을 찾아 칭찬해 주세요. 아이들은 이 세상에서 엄마를 가장 좋아합니다. 좋아하는 엄마에게 무시당한다면, 도대체 누구에게 존중받는 존재가 될 수 있을까요?

행복한 영어 교육

아이들에게 필요한 것은 회초리가 아니라 격려입니다. 엄마의 격려와 칭찬으로 아이들은 기분이 좋아져 열심히 하게 될 것입니다.

8살 아이의 영어는 틀려도 되는 영어입니다. 아이들이 비교와 열등감에서 벗어났을 때 영어세계가 행복해질 수 있다는 것을 명심해야 할 것입니다. 가장 당당하고 자기 잘난 맛에 즐거워할 수 있는 나이의 아이들이니까 자신감을 불어 넣어 주세요.

문제지로만 둘러싸여 살았던 아이에게 읽고 싶어 하던 책 선물을 해 보세요. 성적 상위 1%가 아닌 행복 상위 1%를 위해 아이 교육을 해야 한다는 것, 잊으면 안 됩니다.

• 엄마! 건강한 교육관을 찾으세요.

"엄마 학교"의 서형숙 대표는 밥 짓는 법을 배우는 것처럼 '엄마' 되는 법을 배워야 한다고 말합니다. 그런 법을 익혀 훈련을 거치면 아이 기르기가 훨씬 수월해진다는 것입니다. 무엇보다 아이를 보는 눈이 달라져서 아이랑 있는 것만으로도 행복해지고, 육아가 식은 죽 먹기처럼 쉬워진다고 강조합니다.

우리나라 교육의 문제점은 사교육 자체가 아니라 지나친 선행先行이 문제입니다. 울며불며 모든 것을 아이에게 걸면 안 됩니다. 아이 교육 때문에 생활비를 걱정해야 하거나, 구박덩어리 남편을 만들 정도의 사교육이 돼서는 절대 안 됩니다. 무엇보다 아이의 교육에 있어 균형감각을 상실해서는 안 됩니다.

〈서형숙의 엄마학교 10계명〉
1. 삶의 목표를 정한다.
2. 서두르지 않는다.
3. 환한 웃음으로 대한다.
4. 아이를 믿는다.
5. 아이 스스로 하게 한다.
6. 아이가 선택하게 한다.
7. 남에게 해가 되지 않는 일이라면 뭐든지 하게 한다.
8. 보이지 않는 곳에서 수고하시는 분들이 있다는 것을 일깨워준다.
9. 내 아이도 남의 아이도 모두 우리 아이로 여긴다.
10. 먹는 것에 신경 써서 아이의 건강을 돌본다.

'강남영어' 교육, 미칠 필요가 없습니다.

최고만을 고집하는
영어에 미친 엄마!

06

"유아입시"라는 말을 들어본 적이 있으세요? 유명 영어 유치원에 들어가기 위해 4~5살 아이들이 영어 교육을 선행하는 현상을 가리키는 말입니다. 내 아이가 영어를 못하는 친구와 사귀는 것보다 영어를 잘하는 똑똑한 친구들을 사귀는 것이 좋고, 무엇이듯 좋은 것을 사주고 싶고, 최고의 환경에서 아이를 교육시키고 싶은 것이 엄마의 마음일 것입니다.

> 태영(가명)이 엄마는 태교 때부터 9살인 지금까지 태영이의 영어 교육에다 3억 이상을 투자했습니다. 태영이 엄마는 남들보다 좋은 학교에 보내고, 좋은 교재 교구를 사야 직성이 풀립니다. 책도 한 권에 2-3만 원 하는 영어책은 기본이고, 수백만 원짜리 교구가 집에 쌓여 있는데도, 남들이 사는 새로 나온 책이나 교구를 사지 않고는 못 견딥니다.

9살 소년 태영이는 아침 7시 20분에 일어나서 밤 12시~1시에 취침합니다. 영어 집중교육을 하는 사립초등학교를 필두로 영어 홈스쿨링 수업, 원어민 영어 과외, 엄마와의 영어 공부 등 하루 종일 영어에 목을 맵니다. 그러나 그 많은 수업들과 좋다는 교재-교구에도 불구하고 태영이의 영어 실력은 늘지 않습니다.

태영이 엄마는 아이를 영어유치원에 보내지 않아서 기본기가 없기 땜에 실력이 늘지 않는다고 생각하고 있습니다.

"제가 5억을 가지고 있었다면, 5억도 썼을 거예요. 이렇게 돈을 쓸 만큼 썼는데도 아이의 실력 상승효과를 못 보니, 좀 더 나은 방법이 무엇인지 알고 싶어요."

간간이 미술학원이랑 논술을 배우고는 있지만, 9살 소년이 감당하기에는 지나친 영어 학습량에 태영이가 느끼는 영어 스트레스는 상상을 넘어섭니다. 벅찬 영어 숙제에 아이는 지치고 짜증내고 그러다보니 엄마와 치고 박고 몸싸움까지 하게 됩니다.

"영어로 말하는 학교 다니기 싫어." 태영이는 오늘도 영어 숙제 때문에 새벽 1시에 잠이 듭니다. 내일도 반복될 전쟁 같은 일상에, 엄마도 아이도 너무 힘듭니다.

태영이 엄마의 영어 사교육비는 이렇게 사용되었대요!

유아기 교육비(태교 영어 및 유치원)	12,000,000원
홈스쿨링 수업 & 학원비	32,000,000원
영어초등학교 관련 교육비(방과 후 학습, 캠프 사용)	53,400,000원
교구 및 영어책	198,000,000원

아이가 폭력적으로 변하고 병들게 되요.

"엄마가 없어져버렸으면 좋겠어요"

하품 나오고, 집중 안 되고, 엄마에게 소리 지르며 쌓여왔던 분노가 폭발하기도 합니다. 더욱이 아이는 지금 난독증 증세까지 보이며 심각한 학습장애를 드러내고 있습니다.

엄마 아이 모두 심리적으로 불안하고 심한 무기력증에 빠져있는 상태입니다. 이럴 경우에는 심리치료를 통해서 영어 스트레스를 해소하는 것이 필요합니다. 스트레스가 해소되지 못하면 중증重症의 영어 거부 증세로 발전하게 됩니다. 영어 거부 증상이 심해지면, 엄마가 손을 쓸 수 없는 상태에 이르게 됩니다.

난독증難讀症이란?

듣고 말하는 데에는 어려움이 없지만, 문자를 판독하는 데 이상이 있는 증세입니다. 듣고 말하는 데는 별 다른 지장을 느끼지 못하는 소아 혹은 성인이, 단어를 정확하고 유창하게 읽거나 철자를 인지하지 못하는 증세로서, 학습 장애의 일종이죠. 그 중에 시각적 난독증이란 단어를 보고 이를 소리로 연결시키는 데 어려움을 겪는 경우를 말하며, 청각적 난독증이란 비슷한 소리를 구분하고 발음하는 데 어려움을 겪는 경우입니다. 또 운동 난독증은 글씨를 쓸 때 손을 움직이는 방향을 헷갈려 하는 경우를 말합니다. 대개 미취학 시기부터 단어를 이해하는 데 어려움을 겪거나, 발음이 자주 틀리거나, 말을 더듬는 등의 증상이 나타날 수 있으며, 취학 초기에는 글씨를 베껴 적는 데 어려움을 겪거나, 학습 자체에 취미를 잃기가 쉽습니다. 하지만 사물이나 그림, 도표의 의미를 받아들이는 능력에는 지장이 없어 지능 저하로 인한 학습 장애와는 구별됩니다.

• •난독증의 증상, 알아두세요!

> 1) 말이 늦게 트이거나 말을 더듬는다.
> 2) 말이 어눌하게 들린다.
> 3) 발음이 명확하지 않거나 틀린다. 가령 '스파게티'를 '파스케티'로, '헬리콥터'를 '헤콜립터'로 말한다.
> 4) 단어를 기억해내는 데 어려움을 겪는다.
> 5) 문장을 읽어도 뜻을 잘 인지하지 못한다.
> 6) 철자를 자주 틀린다.
> 7) 글쓰기에 어려움을 겪는다.

최고만 고집하는 영어 교육, 제대로 알면 미치지 않아요.

❶ 최고보다는 최적의 교육을

최고를 고집하기보다 아이에게 맞는 것을 엄선하는 것이 중요합니다. 교재가 많다고 좋은 것은 절대 아닙니다. 또 비싼 영어 전집과 교구들이 꼭 필요한 것도 아닙니다. 비싸지 않아도 아이의 호기심과 성취욕을 끌어낼 만한 책들이 얼마든지 있습니다.

아무리 좋고 비싼 교재도 아이가 즐거워하지 않은 책은 소용이 없습니다. 아이가 자신의 흥미에 따라 선택한 교재가 교육 효과를 최대로 상승시킬 수 있습니다. 단, 아이가 고를 때 어느 정도의 책 선정 기준을 알려주는 것은 좋겠지요.

아이들의 수준보다 너무 높은 교재의 선택은 너무 이른 나이에 열등감만 느끼게 할 수 있고, 정서적 문제를 야기할 수도 있습니다. 아이의 수준에 맞고, 아이가 흥미를 가질 만한 최적의 교재를 선택해 주세요.

또 최고의 영어유치원, 영어 초등학교는 아이의 영어 실력과는 상관이 없습니다. 아이가 영어 때문에 학교 공부를 힘들어한다면 아이의 평생 교육과정에서 영어 초등학교를 고집해야 할 이유는 도무지 없는 것이죠.

❷ 욕심은 이제 그만!

엄마로서 내 아이가 잘 되기를 바라는 마음에 이것저것 욕심이 생기는 거야 당연합니다. 그러나 아이가 달성할 수 없는 것들을 엄마가 너무 많이 요구하면, 아이는 '사는 재미'가 없을 수밖에 없습니다. 내가 아이의 생활을 하고 있다고 생각해보세요. 어른도 감당할 수 없을 만큼의 학습을 감내하고 있지는 않은가요?

아이의 발달과 능력을 고려해서 아이가 감당할 수 있을 만큼의 과제를 부여하세요. 내 아이의 상태를 정확히 알고 그에 맞는 교육 계획을 세우는 것이 중요합니다. 그리고 아이의 학교생활을 살펴봐주세요.

하위권 영어성적 때문에 "난 안된다"는 스트레스를 계속 받는 아이들은 일종의 언어장애를 겪을 수 있습니다. 학교에서 받은 위축감과 외로움이 집에서도 치유되지 못한 채 쌓여가고 있을지도 모릅니다. 영어초등학교에서 스트레스 받는 아이에게 엄마까지도 못한다고 푸념이니, 아이는 어디서 위로받겠습니까.

영어 초등학교에 대한 욕심을 아이에게 강요하지 마세요. 아이에게 필요한 말은 "꼴찌여도 괜찮아, 나가서 놀아."라는 따뜻한 엄마의 말입니다.

❸ 기초를 튼튼히

정서적으로 불안하면 학습 능력이 떨어집니다. 국어도 마스터하지 않은 상황에서 여러 가지 과목들을 한꺼번에 머릿속에 넣는다는 것은 문제가 있습니다.

이러한 아이들은 한마디로 재미없는 삶을 살게 되고, 이는 아이들에게 커다란 스트레스가 됩니다.

❹ 영어 공부 시작은 동기를 부여받는 시점!

아이들에게 영어를 시작하는 시점은 중요하지 않습니다. 아무리 일찍 시작해도 아이가 좋아하지 않으면 아무 소용이 없으니까요. 따라서 아이가 영어를 좋아하게 되는 동기가 부여되는 시점을 기다려주는 것이 중요합니다.

시기는 맞춤형 전략에 필수입니다. 아이들이 영어 스트레스를 받았다면, 치유하고 영어에 흥미를 갖도록 만드는 기간을 두어야 합니다. 엄마 때문에 영어를 해야 하는 것이 아니라, 스스로 동기를 찾도록 해야 합니다.

바람직한 최고의 영어 교육

스스로에게 물어보세요: 내가 최고를 고집하며 영어 교육에 집착하는 이유가 아이를 통한 대리만족을 위한 것은 아닌지? 아이를 위한 것이 아니라 엄마 자신의 욕심을 채우기 위한 행동인지, 반성할 필요가 있습니다. 아이를 위한 공부라면, 아이가 흥미로워하는 교재를 찾는 것이 당연하지 않을까요?

엄마의 만족이 아닌, 아이를 행복하게 하는 영어 공부를 찾아보세요.

**최고만을 고집하는 영어,
미칠 필요가 없습니다.**

나는 좋은 엄마 선생님이 될 수 있을까?

(엄-영-미 자가진단 체크리스트)

문항	예	아니오
1. 아이에게 "영어로 말해봐, 영어로 뭐라고 하지?" 자주 묻는다.		
2. 아이가 영어책을 읽을 때 무슨 내용이냐고 묻기보다 단어 뜻이 무엇이냐고 묻는 편이다.		
3. 서점에서 한글책보다 영어책을 더 많이 구입한다.		
4. 한국말은 더듬거려도 영어를 잘하는 아이를 보면 부럽다.		
5. 내 아이 영어 수준에 맞는 교재를 선택하는 것이 어렵다		
6. 아이가 조금 힘들어 해도 내가 정한 영어교육 방식대로 아이를 끌고나가는 것이 옳다고 생각한다.		
7. 영어 학원, 교재를 선택할 때 아이의 선호보다 내 정보력을 더 믿고 선택한다.		
8. 아이에게 상처가 될 것을 알면서도 욱하는 마음에 해서는 안 될 말을 하루에 한 번 정도 한다.		
9. 방학마다 어학연수 사이트를 들락거리면서 정보를 수집한다.		
10. 아이의 영어 수준보다 어려운 영어책을 봐야 영어 실력이 조금이라도 늘 것이라고 생각한다.		
11. 아이 영어를 홈스쿨링으로만 하려고 하면 불안하고 막연하다		
12. 나는 아이를 집중력 없고 산만하다고 자주 혼내는 편이다.		
13. 영어 교육비가 안 들어가면 왠지 초조하고 불안하다.		
14. 난 내 아이 영어를 가르칠 자신이 없다.		
15. 아이의 장래 꿈에 대해 아이와 이야기해본 적이 없다.		
16. 아이가 영어만 잘하면 나중에 성공할 수 있다고 확신한다.		
17. 국어, 수학, 사회, 과학 등 어떤 과목보다 영어가 우선이라고 생각한다.		
18. 나는 아이에게 무서운 엄마이다.		
19. 내 아이는 영어를 공부라고 생각한다.		
20. 나는 아이의 교육문제를 생각할 때 아이의 성격, 흥미, 적성을 생각한다.		
21. 나는 아이에게 꾸중보다 칭찬을 많이 하는 엄마다.		
22. 나는 아이와 더불어 즐거운 영어 게임을 종종 한다.		

문항	예	아니오
23. 아이가 정확히 무엇을 할 때 행복해 하는지 알고 있다.		
24. 아이가 무엇을 잘하는지 잘 안다.		
25. 요즘 하는 영어공부 방법(홈스쿨링, 영어 학원)을 아이가 재미있어 한다.		

● 1~19 '예' 개수 + 20~25 '아니오' 개수 =   개

18개 이상	나는 영어에 미쳐있는 엄마입니다. 좋은 엄마 선생님이 되고 싶으면 많은 노력이 필요합니다.
12~17개	나는 영어에 미치기 일보직전의 엄마입니다. 좋은 엄마 선생님이 되고 싶으면 노력이 필요합니다.
6~11개	나는 좋은 엄마 선생님이 되기 위해서 약간의 노력이 필요합니다.
0~5개	나는 좋은 엄마 선생님이 될 자격이 충분합니다.

**좋은 '엄마 선생님'이 되고 싶으세요?
이렇게 노력하세요.**

1. 칭찬과 격려하기

칭찬은 고래도 춤추게 합니다. 아이에게 칭찬과 격려를 많이 해주세요. 아이가 성공적인 인생을 이끌어나가기를 원하신다면 칭찬과 격려를 아낌없이 해주어야 합니다. 칭찬은 아이의 성장 비타민입니다. 칭찬은 아이의 행동을 변화시키는 가장 좋은 방법입니다.

"칭찬에도 연습이 필요해!"
- 칭찬할 일이 생겼을 때, 즉시 칭찬하세요.
- 아이의 잘한 행동을 구체적으로 칭찬하세요.
- 결과보다는 과정과 노력을 칭찬하세요.
- 순수한 마음에서 진심으로 칭찬하세요.
- 가능한 한 공개적으로 칭찬하세요. 잘한 일은 공개적으로, 잘못한 일은 비공개적으로 하는 것이 좋습니다.
- 물질적인 보상을 할 때는 신중히 하세요.

2. 긍정적인 애칭 불러주기

일상생활에서 아이를 가장 간단히 칭찬할 수 있는 방법으로는 긍정적인 애칭을 지어 매일 불러주는 방법이 있습니다.

"영어 선생님 지수야!" "미래 국제변호사가 될 기병아!" "독서대장 성우야." "행복 덩어리 윤서야." "부지런한 현탁아!" 등 엄마에게 긍정적인 피드백을 받은 아이는 스스로 꿈도 만들고 긍정적인 아이로 성장할 수 있습니다.

긍정적인 애칭은 아이 스스로 그런 사람, 그런 행동을 하도록 이끌어 줍니다.

3. 서로 존중하며 대화하기

엄마의 말과 행동이 아이에게 상처를 주지 않는지 반성하고 좀 더 예의를 지켜 말하도록 노력해야 합니다.

- 한마디 말이라도 신중하게 얘기하세요.
  "너 죽을래?" 같은 말을 하기 전, 우리아이가 그런 말을 들을 필요가 있는 건지, 한 번 더 생각해보세요.
- 엄마가 힘들어도 짜증 섞인 말보다는 다정하게 얘기하세요.
- 아이를 위협하는 거짓말보다 차분히 설득하세요.
  애꿎은 사람을 이용해 협박하기보다 잘못된 행동을 알아듣게 설명하세요. "시끄럽게 하면 아저씨가 혼낸다!" 같은 말은 아이에게는 별로 설득력을 갖지 못합니다.
- 과한 행동으로 아이를 혼내기보다 속삭이듯 이야기하세요.
  손을 꽉 잡는다든지, 째려본다든지 하는 행동은 금물!
- 내 감정 때문에 아이를 혼냈을 때는 꼭 사과하세요.

4. 엄마의 사랑 표현하기

아이가 엄마의 사랑을 얼마만큼 느끼고 있을까요? "너 잘되라고, 성공하라고, 혼내는 거야." 아이를 위해서라지만, 아이들도 그렇게 느끼고 있을지 생각해볼 필요가 있습니다. 아이가 엄마의 사랑을 느낄 수 있도록

> 뒤풀이

늘 사랑을 표현하는 방법을 찾아보세요.

- 매일 밤 잠들기 전 귓가에 엄마의 사랑을 속삭여보세요.
- 아침은 늘 웃으면서 반갑게 맞이해주세요.
- 우리 가족만의 특별한 스킨십 암호를 만들어요. 엉덩이 2번- 반가워, 코 후비기- 사랑해 등
- 우리 집만의 러브 송을 만들어 노래 불러요.
- 하루 10분, 가족 간의 대화 시간을 가져요.
- 아이가 뾰로통할 때는 쪽지를 주고받으세요.

5. 좋은 습관들이기

아이의 공부 성적이 아니라 좋은 습관이 아이의 평생을 좌우합니다. 좋은 습관들이기는 만 3세부터 시작하는 것이 가장 바람직합니다.

- 습관을 결정할 때는 꼭 상의하여 정하세요.
- 아이의 수준에 맞는 습관을 들이세요.
- 한 달에 한 가지 습관만 연습하세요.
- 아이의 잘못된 습관을 고칠 때는 엄마가 먼저 시범을 보여주세요.
- 습관이 지켜지지 않았을 때는 잔소리보다 먼저 습관을 상기시켜 주세요.
- 학습, 독서 습관 이외에도 많은 습관이 있다는 것을 알려 주세요.
- 아이에게만 좋은 습관을 강요하기보다 엄마가 먼저 보여주세요.
- 좋은 습관은 끊임없는 노력과 훈련이 있어야 함을 알려 주세요.

6. 바른 정서 심어주기

- 아이를 야단치기 전에 10분간 "타임아웃(time-out)" 하기
- 하루 30분 이상 아이랑 대화하기
- 잠자기 전 자장가를 불러주거나 동화 읽어주기
- 아이가 짜증을 부릴 때는 화를 내기 전에 왜 짜증내는지 알아보기
- 아이의 기를 살려주기 위해서 사람이 많은 곳에서는 야단치지 않기
- 아이와 함께 즐길 수 있는 가족놀이 두서너 개 가지기

7. 자신감 북돋워주기

아이들은 경험을 통해 스스로 자신감을 쌓아갑니다. 그러므로 엄마는 아이가 성공할 수 있는 다양한 기회를 만들어주는 것이 중요합니다. 자신감에는 성공 경험 못지않게 실패의 경험도 중요합니다.

지혜로운 엄마는 아이가 실패 경험을 통해 겸손함을 배우고 실패 경험을 성공 노하우로 승화시킬 수 있도록 옆에서 도와주어야 합니다.

작은 성공을 많이 경험하도록 아이의 능력을 벗어나는 힘든 과제를 너무 많이 주지 않는 것이 좋습니다.

기탄 〈좋은 엄마 선생님 되기〉 참고

지금 우리아이 영어 상태는 어떤가요? 무엇 때문에 영어 교육이 힘든가요? 엄마표 영어 홈스쿨링을 진행하다 보면, 예상치 못한 문제들로 힘들어지게 될 수 있습니다. 잘하던 아이가 갑자기 영어를 거부한다거나, 다른 영역에 비해 말하기가 부족하다거나 하는 문제들이 발견되었을 때, 무엇이 잘못되었는지 어떤 교육 방법을 써서 영어를 계속 진행해야 할지 고민하게 되죠.

Part 2 에서는 아이의 현재 영어 상황에 맞는 영어 학습 방법들을 제공합니다. 비슷한 특성과 영어 환경을 가진 아이들의 영어 증상별 solution들은 우리아이에게 보편적으로 적용 가능 합니다.

영어 교육의 기본 원칙은 옆집 엄마의 영어 교육, 옆집 아이의 영어 수준에 휘둘리지 않는 것입니다. 무작정 옆집에 사는 영어 잘하는 아이의 영어 학습법을 따라할 것이 아니라, 내 아이의 현 상황을 객관적으로 살펴보고 거기에 맞는 영어 solution을 찾아보세요. 아이가 감기에 걸려 힘들어할 때, 옆집 아이의 배탈 약으로 고칠 수 없듯이, 교육에서 역시 각자에게 어울리는 학습방법이 필요합니다.

영어를 잘하기를 바란다면, 우선 재미있어야 하고, 영어가 재미있으려면 자신에게 맞는 방법을 찾아야 합니다. 아이들의 개성과 취향을 존중해주는 맞춤형 solution으로 '영어신동'을 만드는 비법에 다가설 수 있을 것입니다.

알려주세요, 100인의 멘토!
내 아이 영어 solution

영어를
거부하는 아이

01

영어 휴식

- **대상**
  - 영어의 '영'자만 나와도 귀를 막아버리는 아이
  - 영어로 말하면 짜증내는 아이
  - 영어 수업 시 손톱을 물어뜯거나 심하게 긴장하는 아이
  - 영어수업을 하면 소리 지르고 울음을 터뜨리는 아이

- **학습 방법**   영어 휴식

 – 영어 거부감을 보이는 아이들의 학습방법은 영어를 쉬는 것! 그런 아이의 증상을 무시하고 강압적인 영어 학습을 계속한다면, 심리적, 정신적 무리가 오기 쉽습니다. 소아우울증상이 나타나거나, ADHD, 혹은 정서장애가 올 수도 있습니다. 그러므로 아이가 영어 거부감을 보이면 아이들에게 어느 기간 동안의 휴식과 치유 시간을 주어야 합니다.

- 아이가 영어 거부감을 보인다면 영어 학습 방법을 찾을 것이 아니라, 사랑과 자존감 향상을 위한 칭찬의 말들을 끊임없이 해주세요. 영어를 대하는 아이의 표정이 행복해 질 때까지 일단 기다려주어야 합니다. 영어 때문에 상처를 받은 아이들에게 가장 시급한 것은 자존감 높여주기입니다. 별것 아닌 일에도 충분한 칭찬과 격려로 자신감을 회복시켜 주세요.

- 아이가 영어에 대해 느끼는 두려움과 혐오증을 치료해주고, 적합한 '시기'가 왔을 때 영어를 자연스럽게 공부할 수 있게 해주어야 합니다.

영어를 싫어하는
취학 전 아이

02

● **대상** · 너무 이른 조기 영어 교육으로 영어를 싫어하게 된 아이
　　　　　· 상상력이 풍부한 5~6세의 아이

● **학습 방법**　연상암기법 聯想暗記法

　- 연상암기 학습법이란 단어의 활자나 뜻을 무작정 외우는 주입식 암기가 아닌, 단어와 연관된 상황이나 이미지 또는 영화나 동화 속 주인공에 자신을 대입해서 연상하면서 외우는 암기법입니다.

　- 즉, 아이가 좋아하는 상황을 상상하게 한 후, 영어를 학습하게 만드는 방법이죠. 만화 주인공 이름에 아이의 이름을 넣어 동화 속 주인공이 되어봄으로써 아이의 호기심을 유도하고 영웅 심리를 자극하는 방법을

사용하면 자신감도 높아질 수 있습니다. 따라서 이 학습 방법은 상상력이 피어나는 5~6세 아이들에게 적합한 방법입니다.

- 연상암기 학습법은 모국어를 익히는 과정의 일환입니다. 맛있게 보이는 사과 그림을 보면 와삭 깨물어 먹고 싶기 마련입니다. 바로 깨물어 먹는 이미지와 행동을 보여주면서 영어로 'eat'라는 동작을 같이 배우고 익히는 것이 연상학습법입니다.

- 영어책을 읽어줄 때 그냥 읽어주는 것이 아니라 아이를 동화 속의 주인공 역할로 대입시켜 아이가 그 이야기 속으로 빠질 수 있도록 해주세요. 동화에 나오는 영어 동사의 행동이 무엇인지 보여주고 아이가 주인공이 되어 해보도록 하는 것이 좋습니다. Jump라는 단어를 그냥 '뛰다'라고 외우는 게 아니라, 진짜 펄쩍 뛰어보는 행동을 하면서 익히는 방법입니다.

● 주차별 구체적 solution

1주 자신감 회복하기

● 칭찬과 격려하기
영어를 싫어하는 아이는 충분한 칭찬과 격려로 자신감이 회복될 때까지 기다려주는 것이 필요합니다. 영어를 배우는 데 가장 중요한 것은 아이의 자신감입니다. 자존감과 성취감을 높여주기 위한 여러 가지 놀이를 해주세요.

2주 연상암기학습법 사용하기

● 영어 동화책 읽어주기

동화나 비디오의 주인공에 아이를 대입시킵니다. 예를 들어 이렇게 요: 맥퀸을 좋아하는 아이에게 "네가 맥퀸이야. 붕붕. 달려 봐!" 아이는 동화 속 주인공에 자신을 투사하는 연상암기법을 사용하여 즐겁게 영어를 접할 수 있게 될 것입니다. 아이가 원하는 시간에, 원하는 만큼, 원하는 책을 읽어 주세요.

3주 영어 단어 카드 놀이

● 카드놀이

영어 단어 카드를 사용해서 단어 맞추기를 해보세요.

단어를 맞출 때 동작도 함께 해보도록 하세요. 예를 들어, fish가 쓰인 단어카드를 보여주면, 아이가 "Fish"라고 말하면서 물고기가 헤엄치는 흉내를 내도록 해주세요. 틀려도 혼내지 않기. 맞추면 큰 소리로 칭찬하기.

〈엄-영-미 2화 solution〉

아이가 무얼 좋아하는지, 아이가 무얼 말하고 싶어하는지, 아이의 말을 듣지 않고 엄마의 말만 쏟아내지는 않았나요? 칭찬받지 못했던 아이에게 필요한 것은 따뜻한 엄마의 관심입니다. 영어 때문에 상처받은 아이의 자존감을 높여주어야 합니다.

영어를 싫어하는 아이는 없습니다. 단지 영어를 강요하는 엄마를 싫어할 뿐입니다. 아이의 자존심을 지켜주고 선택을 존중해주면 누구나 영어와 친해질 수 있답니다. 칭찬받지 못했던 아이에게 필요한 것은 따뜻한 엄마의 관심입니다. 영어 때문에 상처받은 아이의 자존감을 높여주어야 합니다.

알파벳 모르는
취학 전 아이

03
___

● **대상** · 영어 기초가 없어 자신감 없는 4~6세 아이
· 배운 것을 표현하고 자랑하기 좋아하는 호기심 많은 아이

● **학습 방법**   Letterland의 캐릭벳(characbet) 학습법

- 캐릭벳 학습법은 캐릭터를 활용해 문자와 소리를 함께 가르쳐, 문자와 소리의 연관성을 알게 하는 학습법입니다. 초등학교 이전의 유아들 중에 알파벳을 정확히 모르는 유아들이 느끼는 영어와의 거리감을 줄이기 위해 알파벳 하나하나를 캐릭터화하고 그것을 친숙하게 만들어서 알게 하는 방법입니다. 외우고 쓰는 주입식 교육이 아니라, 알파벳 캐릭터를 활용한 이야기로 재미있게 학습하도록 하는 방법입니다.

- 선진 조기교육으로 유명한 영국, 호주, 미국 등 111개국에서 유행한 레터랜드(Letterland)란 학습 프로그램 중 캐릭벳 학습법은, 아이가 처음 글자를 접하는 파닉스 단계에서 그림으로 문자와 소리와의 연관성을 깨우치게 만드는 오감 활용 학습법입니다.

- 6세 남자아이들이 가장 좋아하는 것은 이야기와 캐릭터입니다. 그리고 그들의 흥미와 관심을 파악하여 활용하는 것이 이야기와 캐릭터 수업이랍니다. 캐릭벳 학습법은 놀이에 가까운 문자학습법입니다.

● **주차별 구체적 Solution**

1주 알파벳에 생명과 이야기 불어넣기

● **그림문자학습**

문자와 소리의 연관성을 알려주는 수업을 합니다. 알파벳을 캐릭터로 만든 교구를 이용하여, 지루할 틈 없는 그림문자학습을 해보세요.

☆ *letterland 수업은 이렇게 진행됩니다.*

엄마: h의 이름은 모자를 쓰고 다니는 Harry Hat Man 아저씨입니다. 이 아저씨는 조금만 달려도 숨을 허! 걷기만 하면 허허허! 자, 여기서 h는 어떤 소리가 날까요?

아이: 〈허허허〉!

엄마: 그런데 h를 좋아하는 짝꿍 s가 있어요. s의 이름은 Sammy Snake 랍니다. 근데 뱀은 어떻게 기어 다닐까요?

아이: 〈스스스〉

엄마: s는 h를 항상 따라다녀요. Harry Hat Man는 시끄러운 것을 너무 싫어하는 아저씨에요. "야! S야, 너 나 따라다닐 때는 조용히 좀 해!" 어떻게 하라고요?

아이: 〈쉬~〉

엄마: 자, 그럼, s는 어떻게?

아이: 〈스~〉 **엄마:** h는? **아이:** 〈허허허〉

엄마: s와 h가 만나면?

아이: 〈쉬~〉

엄마의 인내심과 끈기가 중요한 수업방식입니다. 아이와 함께 즐겁게 논다는 생각으로 흥미유발을 해주는 것이 가장 중요합니다. 알파벳마다 붙여진 재미있는 이름들을 불러가며 알파벳 캐릭터의 소리를 알아보는 캐럭벳 학습법을 사용하여 알파벳을 모르는 아이들에게 알파벳을 자연스럽게 알려주세요.

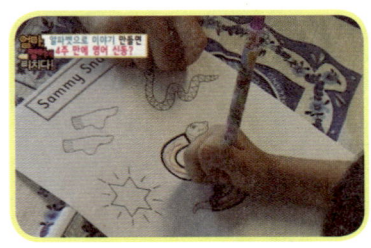

> 흥미 있는 이야기들이 포함되어 있어 알파벳을 처음 배우는 아이들이 집중하기 좋은 학습교구입니다.

2주 알파벳을 직접 만들어 기억하기

● 액션 알파벳 학습

1. 고무찰흙으로 직접 알파벳을 만들며 놀아보기

배운 것을 표현하고 자랑하기 좋아하는 6살 아이들에게 흥미를 줄 수 있는 놀이방법입니다. 밀가루 찰흙, 밀가루 수제비 놀이는 생생하고 재미있는 알파벳 놀이입니다.
손으로 조물조물 알파벳을 만들며 놀아봅니다.
알파벳이 하나씩 완성될 때마다 A! G! F! 큰소리로 읽으며 칭찬해줍시다.

2. 손짓, 발짓, 온몸, 주위 물건을 다 활용해 알파벳 만들며 놀아보기

여러 가지 방법을 이용해 알파벳을 만들며 놀아 보는 활동입니다. 엄마가 알파벳을 하나 부르면 아이가 몸으로 알파벳을 만들어 보여주고, 반대로 아이가 알파벳을 부르면 엄마가 몸으로 만들어보세요.

3. 집안에 있는 물건들로 알파벳 만들며 놀아보기

책장에서는 H를 찾을 수 있습니다. 가방 손잡이에서 U , 가위를 펼치면 X , 빨래 건조대에서는 V, 동그란 접시에서 O, 소파에서 T 등, 집안 곳곳에 숨어있는 알파벳을 찾아보는 놀이를 해 보세요.
사물에서 알파벳을 발견하고 컬러 테이프를 붙여서 알파벳을 명확하게 보여주세요.

● 알파벳 조합해서 단어 찾기 놀이

☆ 단어 찾기 놀이 해보세요.

(1) 단어카드를 출력하세요. (http://www.saypen.com으로 가서 '잉글리쉬 존'의 '철자맞추기'에 있는 단어카드를 사용하세요.)
(2) 단어카드 출력물들을 자릅니다.
(3) 그렇게 만든 출력물 조각들을 모두 뒤섞습니다.
(4) 단어카드 그림을 맞추면서 스펠링을 학습하는 놀이를 합니다.

아이가 스펠링은 모른다 해도 그림을 맞추면서 자연스럽게 스펠링의 순서를 기억할 수 있습니다. 이런 과정을 통해 아이는 자연스럽게 읽는 방법도 익히게 됩니다.

3주 같은 글자로 시작되는 단어 그룹으로 기억

● 엄마와 알파벳 퀴즈 놀이 해보기

"A로 시작되는 단어에는 무엇이 있을까?" 같은 철자로 시작되는 단어를 이야기하다 보면 공통적인 발음과 소리를 자연스럽게 터득할 수 있게 됩니다. 알파벳 퀴즈 놀이가 익숙해지면, 알파벳 쓰기 활동도 해보세요.

〈엄-영-미 14화 solution〉

엄마가 아이의 눈을 쳐다봐줄 때 아이는 절대 눈을 돌리지 않습니다. 학습지 앞으로, 원어민 선생님 앞으로, 아이의 등을 떠밀지만 말고, 아이의 눈을 보면서 영어를 가르쳐 주세요. 아이가 영어에 즐겁게 빠져들 수 있습니다.

단어로만 말하는
6살 여자아이

04

● **대상**
　　　• 단어 공부를 많이 했는데, 영어 질문에 명사로만 짧게 대답하는 아이
　　　• 모국어 문장 형성이 가능한 5세 이상 아이

● **학습 방법**　동사카드 놀이

　- 동사카드 놀이란 go, have, take 등 하나의 기본 동사를 10개 이상의 상황에서 반복 학습함으로써 구사할 수 있는 영어 동사를 늘려가는 학습법입니다. 명사와 동사를 붙이는 연습을 통해 아이들은 점차 단어가 아닌 문장으로 영어 활용 폭을 넓혀갑니다.

　- 우리나라에서 아이들에게 처음 영어를 가르칠 때 단어 위주의 교육이 될 경우 아이들은 흔히 명사는 많이 배우고 동사는 놓치게 됩니

다. "Where do you go?"라는 물음에 아이가 "I go to the school."이라고 대답하지 않고, "School!"이라고 대꾸하는 경우를 예로 들 수 있겠지요. "What do you like?" 라는 물음에 아이가 그저 "Apple." 이라고 답하는 것도 마찬가지죠. 외국인의 물음에 정확한 대답만 했다고 해서 만족해선 안 된답니다. 이것은 우리나라의 어른들이 "얘야 지금 어디 가니?" 라고 물었을 때 "학교!"라고 말하는 것과 같잖아요?

– 모국어에 있어서도 표현력이 부족하거나 언어장애 아동의 치료법으로 동사카드 놀이는 효과적입니다. 이 방법을 활자 중심의 수업이 아닌 놀이수업을 통해 진행하면 더욱 큰 효과를 얻을 수 있습니다.

● **주차별** solution

1주 모국어 실력 test & 동사카드 놀이

● 모국어 test를 먼저

모국어 실력은 외국어 학습 능력의 기본! 영어 대답을 명사로만 하는 아이는, 모국어 실력이 부족해서 그럴 수도 있습니다.

☆ 아이의 모국어 실력을 테스트해보세요.
(1) 그림카드를 보여주고, 아이가 한국말로 정확하게 표현할 수 있는지 살펴보세요.
(2) 뾰족한 연필이 있는 그림을 보여주며 물어보세요. "이 연필이 어떻게 생겼니?"

(3) 아이가 '뾰족하다, 길다' 등의 다양한 표현을 할 수 있는지 확인합니다.

● 모국어가 정상 수준이라면, 동사카드 놀이를 시작합니다. 만약 모국어 실력이 부족하다면, 연령에 맞는 모국어 발달을 할 수 있도록 도와주는 것이 먼저이고요.

☆ 동사카드 놀이를 해보세요.

(1) 동사가 쓰인 여러 장의 카드를 준비해 주세요. 아이와 그림을 그리고 단어를 쓰고 직접 만드는 것 역시 아이의 흥미를 끌어낼 수 있습니다.

(2) eat-ate-eating-eats, run-ran-running-runs 등, 동사 한 개로 4종류의 동사변화 카드를 만듭니다.

(3) "먹다" "먹었다" "먹고 있다" 단어를 찾아볼까? 아이에게 질문해 주세요.

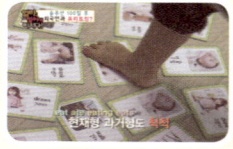  

(4) "사자가 토끼를 먹었다." 어떻게 말할까?, "쥐가 치즈를 먹고 있

다." 무어라고 말해야 할까? 질문해주세요. 아이가 4장의 카드에 쓰인 동사를 적절히 사용하여 문장을 만들어볼 수 있도록 도와주세요.

2,3주 영어 학습 동기 높이기

● 아이가 좋아하는 취미에 영어 접목하기.

영어 발레 놀이 같이 4세 전후 여자아이들이 좋아하면서 영어 동기를 높이는 방법을 찾아주세요. 영어 발레는 영어 실력 향상뿐 아니라, 발육·발달에 도움이 될 수 있습니다. 춤동작으로 기억하는 영어 발레. 아이들에게 몸으로 기억하는 영어는 효과적입니다.

〈엄-영-미 1화 solution〉

◇◇◇◇◇◇◇◇◇◇◇◇◇◇◇◇◇◇◇◇◇◇◇◇◇◇

아이의 즐거움과 상관없이 하루 종일 아이에게 영어를 강요하고 있지는 않은가요?

아이에게 영어로 말해보라고 다그치지 마세요. 아이가 영어를 말할 때 짜증, 한숨, 분노를 표현하고 실망, 당황, 좌절하고 있지는 않은지 아이의 표정을 바라봐 주세요. 아이에게 행복한 영어학습법을 찾아주세요.

일곱 살
'영어 초짜' 아이

05

전신반응법

● **대상**
- 외향적인 아이
- 신체 활동을 좋아하는 아이
- 영어 말하기에 두려움이 없는 아이

● **학습 방법**   전신반응법全身反應法 (TPR: Total Physical Response)

- 전신반응법이란, 영어로 내리는 지시와 명령에 따라 행동으로 대답하면서 영어를 익히는 온몸 학습법입니다.

- 아이들이 모국어를 배울 때 행동이나 몸동작과 연관 지어서 언어를 기억하는 것에 착안하여 큰 동작과 함께 대화와 게임을 함으로써 아이들의 언어 학습 능력을 극대화하는 방법입니다. 제임즈 애셔(James Asher)는 언어란 신체적 율동과 사고가 함께 조화를 이룰 때 가장 효과

적이라는 생각으로 전신반응법을 창안했습니다. 유아기부터 효율적인 언어학습이 가능하다고 보고 유아의 청취력을 이용하여 말하기 기술을 유도하도록 하는 교수법입니다.

- 온몸으로 행동하는 학습법이라서 영어를 얼마나 알아들었는지 바로바로 확인이 가능하다는 장점을 가지고 있습니다. 엄마의 사소한 동작도 언어와 함께 기억하는 것으로, 공부법이라기보다 생활 속 표현놀이입니다.

- 친밀감이 전신반응법 효과를 극대화 시킬 수 있기 때문에 하루 1시간 정도만 아이와 놀면서 전신반응 학습법을 활용해주세요. 단어 표현을 익힌 후 자연스럽게 게임으로 유도하는 것이 필요합니다.

- 어릴 때는 짧은 단어나 문장으로 시작하여 점점 복잡한 문장으로 수업을 이끌어가세요.

● **주차별 구체적 Solution**

1주 일상생활에서 퍼오는 영어

● **생활 영어**
대답을 강요하지 말고 생활 속에서 문장을 흘리듯이 사용해 봅니다.

> ☆ 생활 속 문장 이렇게 사용해보세요.
> 식사시간에 우유를 따르는 동작과 함께 "Pour the milk."를 반복적으로 말해주세요. 그러나 아이에게 따라하라는 강요는 절대 하지 마세요! 이런 방법으로 영어와 함께 모든 동작을 해줍니다..

● 놀이 영어

1. Simon says (사이먼 가라사대 놀이) 해보세요.

    사이먼이 말하는 대로 행동해야 하는 온몸놀이랍니다. 지시나 명령문 위주의 간단한 영어로 상대방을 조정하는 놀이죠. Simon says, touch your toes! Simon says, touch your nose! Simon says, touch your hips! 이렇게 신나게 명령해 보세요. 일종의 로봇 놀이처럼 아이와 함께 즐기는 중에 자연스럽게 영어를 알게 된답니다. 아이와 번갈아 가면서 재미있게 놀아보세요!.

2. 놀이터에서 시소, 그네 등을 탄다든지, 계단 올라가기, 미끄럼틀 타기 등의 행동을 영어로 요구해봅니다.

3. 아빠와 함께 온몸놀이를.

    힘 좋은 아빠가 아이와 온몸으로 놀아주면서 자연스럽게 영어를 사용하도록 해보세요. 아이를 천장에서 걷도록 거꾸로 들어올리고 "Walk!" "Step up!" 큰소리로 말해보세요! 아이는 자기도 모르게 "Walk!" "Step up!"를 큰소리로 따라하면서 행동에 맞는 영어를 익히게 될 것입니다.

● 동화책 읽어주기

이미 알고 있는 내용의 동화책을 영어책으로 읽어주면 좋습니다. 아이는 자연스럽게 행동과 동작을 연상할 수 있게 됩니다.

2주 놀이와 게임

- **단어 알아맞히기 카드놀이, 알파벳 그리기 등 재미있는 영어 활동**

  "A로 시작되는 단어에는 무엇이 있을까?" 같은 철자로 시작되는 단어를 이야기하다 보면 공통적인 발음과 소리를 자연스럽게 터득할 수 있게 됩니다. 알파벳 퀴즈 놀이가 익숙해지면, 알파벳 쓰기 활동도 해보세요.

  ☆ **단어카드 교환 놀이는 이렇게!**
  (1) 단어카드들을 늘어놓고 각자 가지고 싶은 카드를 가져갑니다.
  (2) 가위 바위 보를 해서 이긴 사람이 상대방 카드 중 원하는 카드를 하나 선택해서 가져옵니다. 단, 카드를 가지고 올 때 카드의 이름을 영어로 말해야 합니다. 영어로 말하지 못하면 카드를 가지고 올 수 없어요.

3주 동작 놀이

- **동작 영어**

  태글리쉬 등 아이들이 신체를 움직이면서 익히는 영어는 기억에 오래 남는 법입니다. 또한 성장을 촉진하는 운동량을 자연스럽게 이끌어줄 수도 있습니다. 동작놀이는 영어 거부감을 안 생기게 할 수 있는 최고의 놀이 학습법이 될 수 있습니다. 3주차에도 책상 앞 영어가 아닌 뛰어노는 놀이를 통해 영어를 자연스럽게 익히도록 하세요.

  "Put your hands on your shoulders! Stand up! Sit down!"
  (어깨 위에 두 손을 올려요. 일어서요. 앉아요)
  큰소리로 아이에게 말해보세요. 아이들의 동작도 영어 실력도 쑥쑥

커질 수 있어요.

● 그림 동작 따라 하기

카드에 그려진 그림 동작을 영어로 말하면서 따라하도록 해주세요. 가족과 함께 하면 더욱 효과적인 방법이 될 수 있습니다.

〈엄-영-미 4화 solution〉

◇◇◇◇◇◇◇◇◇◇◇◇◇◇◇◇◇◇◇◇◇◇◇◇◇◇

아이의 6살은 놀이의 즐거움을 배우는 나이입니다. 영어를 하나의 언어로서 곧이곧대로 가르친다면, 아이는 영어를 싫어할 수도, 회피할 수도 있습니다. 하지만 놀이 속에 숨어있는 영어라면 아이도 자연스럽게 노래 가사를 기억하듯 영어와 친해질 수 있을 것입니다.

6~7세 아이를 영어 신동으로 만들려면 놀이 속에 영어를 감추어주세요. 놀이에 빠져들 듯 영어에 빠져들 수 있을 것입니다.

6살에는 6살의 꿈을 꿀 수 있도록 문제지나 시험지 대신 넓은 운동장을 선물하세요. 그 안에서 아이들이 영어와 신나게 부둥켜안고 마음껏 꿈을 꿀 수 있도록 해주어야 합니다.

적은 비용 홈스쿨링
시작하는 아이

06

텐텐텐
학습법

- **대상**
  - ABCD도 정확히 모르며 사교육이라곤 전혀 안 받아본 7살 아이
  - 월 10만 원 정도 비용으로 영어를 시작하려는 아이

- **학습 방법**   텐텐텐 홈스쿨링

 — 텐텐텐(10-10-10) 홈스쿨링은 월 10만 원으로, 한 주에 10개 단어, 하루 10분 동안 학습하는 방법입니다. 텐텐텐 학습의 핵심은 엄마의 정성과 부지런함입니다.

단계	지출항목	지출
1주차	공주 애니메이션영어 DVD 3종	11,700원
2주차	플랩북 시리즈 2종 세트	56,000원
3주차	영어보드게임, 알파벳 퍼즐	20,000원
기타	파일, 색종이 등의 문구류	12,300원
총액		100,000원

– 어떤 것이 필요하고 어떤 것이 불필요한지, 아이와 함께 상의하면서 결정을 하면 저렴한 비용으로써 교육을 할 수 있습니다. 호기심과 성취욕을 자극하는 다양한 영어책들이 많이 있습니다. 비싼 전집들이 최고가 아닙니다.

– 7세 아이들의 집중력은 평균 10~15분 내외입니다. 오랜 시간을 공부해도 집중력이 떨어지면 무의미한 수업이 되겠죠.

● **주차별 구체적 Solution**

1주 만 원대 영어 DVD 로 캐릭터 환기 영어법

● 좋아하는 캐릭터가 등장하는 DVD 보기

만 원대 영어 DVD로 캐릭터 환기 영어를 시작합니다. 만 원대 DVD 한편에 흘러가는 수천 개의 표현들을 통해 영어를 시작하는 방법입니다. DVD는 7세 기초회화를 잡아주는 최상의 영어 교재가 될 수 있습니다. 단순히 영어 DVD만 보는 것으로는 영어 교재의 효과가 없습니다.

☆ DVD를 활용해 공부해 보세요!

(1) 애니메이션 주인공을 화면 밖으로 꺼내 단어 학습을 해보세요.

주인공 캐릭터 카드 만들기: 인터넷에서 캐릭터를 출력하여 종이인형을 만들고 이름을 써보며 놀아봅니다.

"주인공의 이름이 무엇이었지?" "주인공이 들고 있는 게 뭐야?"

등의 질문에 아이가 영어로 대답해보게 합니다. 자기가 좋아하는 애니메이션에 나오는 단어들을 학습하도록 해주세요.

(2) 종이인형 놀이를 해보세요.

완성된 종이인형들에게 '오늘의 대사'를 (예컨대 How do you do?) 설명해주세요. DVD는 7세 기초회화를 잡아주는 최상의 영어교재입니다.

"백설 공주가 일곱 난장이를 처음 만나서 무어라고 인사했지?"
"How do you do? 이게 무슨 뜻일까? 처음 누구를 만나면 안녕하세요, 라고 인사하지? 처음 만나는 사람에게 쓰는 영어야."
"네가 백설 공주라고 생각하고 난장이에게 인사해볼까?"
이런 방식을 통해 주인공이 되어 영어로 인사하는 법 등을 배울 수 있습니다.

(3) 종이인형을 가지고 DVD 다시 보면서 영어를 따라하게 하세요.

2주 5만 원대 플랩북 세트로 영어 단어 게임

● 플랩북으로 놀기

오만 원대 플랩북 세트는 영어 기초가 부족한 아이들에게 흥미를 심어주기 좋은 놀이 교재입니다. 플랩북이란 책장을 넘길 때마다 부분적인 종이덮개 속에 숨겨진 단어를 들추어 볼 수 있도록 구성된 책입니다. 아이들의 호기심과 성취욕을 자극할 수 있는 비교적 저렴한 영어 교재입니다.

☆ Flap book 영어단어 놀이 해보세요.

(1) 아이와 눈높이를 같이해서, 천천히 책을 보세요. 아이의 속도에 맞추어 책을 보는 연습이 필수입니다.

(2) 덮개를 직접 들춰보며 오감을 자극할 수 있도록 해주세요. 들춰보는 종이덮개나 잡아당기는 줄이 있는 플랩북은 아이들의 오감을 자극해 EQ와 영어 실력을 동시에 향상시킬 수 있습니다.

(3) 집안을 돌아다니며 플랩북으로 배운 단어를 직접 복습할 시간을 주세요. 예를 들어 부엌에서 쓰는 도구를 배우는 플랩북이었다면, 스펠링 스티커를 부엌도구들에 붙이면서 복습하도록 하세요.

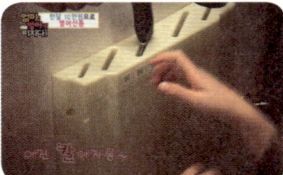

● 인터넷에서 홈스쿨링 자료 찾아 놀아보기

홈스쿨링 초보자는 경험자들의 노하우를 이용해봅니다.

☆ 인터넷에서 찾아낸 놀이로 아이와 놀아보세요.

(1) http://www.kizclub.com 사이트에서 단어가 쓰인 발바닥 모양 종이를 출력해서 발바닥 단어 카드를 만들어 밖으로 나가세요.

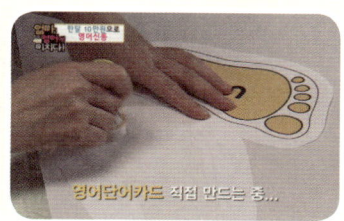

(2) 아이에게 "우리 재미있는 영어놀이 해볼까?" 기대감을 갖도록 유도해주세요.

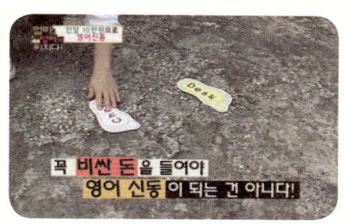

(3) "자, 여기에 우리가 배운 단어들이 적혀있는 발바닥들이 있네." 그렇게 말하면서 준비한 발바닥 종이들을 바닥에 깔아주세요.

(4) 엄마가 불러주는 단어 위로 폴짝 뛰어보는 활동입니다.

(5) 아이가 뛸 수 있는 반경의 단어를 불러 주셔야 아이가 신이 나요.

(6) 아이가 잘 찾지 못하면 힌트를 줘서 정답을 찾을 수 있도록 도와주세요.

3주 2만 원대 영어카드 보드게임

● 알파벳 퍼즐카드 맞추기

보드게임은 손에 카드 패를 쥐고 맞은편과 경쟁구도가 되는 것을 기본으로 합니다. 게임에서 이기려면 상대의 카드를 읽는 집중력이 필요하기 때문에, 아이들의 기억력을 증진시킬 수 있습니다. 여러 가지 보드게임을 통해 즐겁게 영어 공부를 해보세요.

또 아이와 알파벳 카드 맞추기 놀이도 해보세요. 아이와 직접 카드를 만드는 것도 방법이죠. 카드를 만들면서 아이는 게임에서 이기기 위해 그림과 단어를 주목하게 되기 때문에 카드게임에 더욱 적극적인 자세를 갖게 됩니다.

☆ 알파벳 퍼즐카드 놀이

(1) 카드에 있는 단어의 첫 글자 알파벳을 찾아서 짝 맞추기 게임을 해보세요.

(2) 맞힌 카드를 확인하면서 복습 활동을 합니다.

〈엄-영-미 15화 solution〉

◇◇◇◇◇◇◇◇◇◇◇◇◇◇◇◇◇◇◇◇◇◇◇◇◇◇◇◇

아이의 영어 교육을 위해 학원에 보내거나, 원어민 선생님을 부르는 것 말고는 어떤 노력을 하고 계세요? 아이의 영어를 위해 필요한 것은 엄마의 경제력이 아닌 발품 파는 노력입니다. 아이가 영어를 재미있어하는 동기와 엄마의 노력이 만났을 때 최고로 멋진 영어 신동이 될 수 있음을 명심하세요.

회화 실력 부족한
일곱 살 아이

07

꼬리 물기
학습법

● **대상**
- 기본기는 있는데 표현 강박증이 있는 아이
- 단어를 많이 알고 읽고 쓰기는 좋아하는 아이
- 완벽주의 때문에 배운 것만 대답하는 아이
- 모르는 것이 나오면 입을 꾹 다무는 아이

● **학습 방법**   꼬리 물기 학습법

　- 꼬리 물기 학습법이란 단어와 단어 사이, 문장과 문장 사이를 접속사로 연결해 말수를 늘려주는 학습 방법입니다. 기본기는 있는데 표현 강박증이 있는 아이들의 말수를 늘이기에 좋은 방법이죠. 예를 들어 "I like her."에서 문장을 끝내는 것이 아니라 "because she is beautiful and smart." 라는 식으로 접속사 because를 이용해 문장을 늘이는 것입니다.

- 7살이면 회화를 늘여야 하는 시기입니다. 회화에 있어서 가장 중요한 것은 자신감입니다. 즉 7살 아이는 자신감이 있어야 영어실력이 좋아질 수 있습니다. 이 땐 엉터리 영어라도 일단 말을 많이 하는 것이 중요합니다. 따라서 틀려도 좋으니 아이가 하고 싶어 하는 말을 영어로 하게 해주는 학습법을 사용하는 게 좋습니다. 단어를 많이 알고 읽고 쓰기를 좋아하는 7살 아이에겐, 머릿속에만 있는 영어를 말로 꺼내는 놀이 학습법을 사용하세요.

- 오랜 시간 아이와 대화를 하는 것이 아니라, 잠깐 동안 틈이 날 때마다 꼬리 물기 학습법을 사용해보세요. 굳이 완벽하지 않아도 말을 유도하는 것이 중요합니다.

● **주차별 구체적 Solution**

1주 흥미유발, 꼬리 물기

● 아이가 흥미 있어 하는 활동하기

스피킹이 약한 아이는 편안한 환경에서 수다를 떨게 해주는 것이 좋습니다. 만들기를 좋아하는 아이라면 미술환경을, 음악을 좋아하는 아이라면 음악환경을 만들어주세요. 아이가 쉽고 간단한 과제를 수행하고 있을 때 쉬운 영어를 섞어 수업을 진행합니다. 자연스럽게 영어를 유도해야 한다는 걸 명심!

아이가 그림을 그리고 있을 때 옆에서 자연스럽게 질문해보세요. "What color is that?" 아이는 자연스럽게 영어로 답할 수 있을 겁니다.

● And 꼬리 물기

접속사 and로 문장을 길게 표현하는 방법입니다. And로 쉬운 명사를 이어 말하게 하는 거죠. 긴 영어 표현의 호흡에 익숙해질 수 있을 것입니다.

☆ 보물 소개하기로 꼬리 물기 학습

(1) 아이와 엄마 각자의 보물을 잔뜩 펼쳐놓으세요.
(2) And를 활용해서 서로의 보물을 영어로 말해보세요.
(3) 단어를 모를 경우는 사전을 찾아보세요.

"What are your treasures?"

"My treasures are ~~, and ~~, and ~~."

(4) 아이와 번갈아가면서 질문해보세요.

☆ 보물찾기(Treasure Hunt) 놀이로 꼬리 물기

(1) 엄마가 보물지도를 만들어서 아이에게 놀이 방법을 설명합니다.

"너의 보물을 집안에 숨긴 후 보물지도에 표시해볼래?"

(2) 아이가 돌아다니면서 집안 곳곳에 보물을 숨기고, 숨긴 곳을 지도에 표시합니다.

(3) 보물을 숨기는 동안 엄마는 눈감고 숫자를 세면 되요.

(4) 아이가 표시한 보물지도로 간단한 영어회화를 하게 도와주세요.

"My pencil case and dolls are in the kitchen."

(5) 아이의 눈높이에 맞추어 엄마도 함께 신나게 즐겨보세요.

 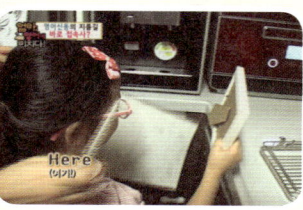

2주 접속사 because로 인과관계 설명하기

● 문장의 꼬리를 이어 말하기

Yes 아니면 no, 단답형으로만 대답하는 아이는, 이유를 제시하는 because 접속사로 조리있게 말하는 연습이 필요합니다. 문법은 틀려도 크게 신경 쓰지 마세요! "I like pizza, because it's delicious." 인과관계가 드러나는 문장을 말할 수 있도록 도와주세요.

● 한글 동화 읽기

우리말 동화에 있어서도 반드시 왜 그런지 이유를 말해보는 훈련을 하도록 도와주세요. 아이의 문장이 길어질 수 있습니다.

- 클레이 수업 (놀이영어)

    완벽한 영어를 해야 한다는 부담이 있는 아이들에게는 놀이영어가 필요합니다. 미술을 좋아하는 아이들에게는 고무찰흙 놀이에 영어를 접목한 클레이 영어 수업도 좋습니다. 간단한 과제를 주고 쉬운 영어를 사용해서 아이가 짤막하게 대답할 수 있도록 합니다. 아이가 방심하고 그림에 집중하는 동안, 간단한 영어 질문을 해보세요. What's your favorite color? 혹은 What's your favorite food? 아이는 머릿속으로 답을 계산하지 않고 자연스럽게 영어 대답을 할 수 있게 될 것입니다. 클레이 플레이 감성 놀이로 편안한 영어환경을 만들 수 있어요.

- 영어 수수께끼 놀이

    (1) 아빠 엄마 아이가 함께 앉아 게임을 시작합니다.

    (2) 가족 중 한명이 머릿속으로 생각한 것을 설명합니다.

    (3) "This fruit is yellow and sweet. What is it?"

    (4) 스무고개를 하듯 아빠 엄마는 질문을 하고 아이는 답을 맞히는 게임을 해봅니다.

    (5) 아이가 가장 좋아하는 가족과의 영어 놀이를 통해 긴장감을 떨쳐버릴 수 있도록 도와주세요.

3주 and 와 because로 영어 수필 쓰기

- 꼬리 물기 학습법으로 만든 스토리를 자유롭게 발표하기

단어와 문법은 또래보다 월등한데 표현강박증이 있는 아이는 수필 쓰기로 편안하게 표현력을 키울 필요가 있습니다.

그동안 배운 and와 because를 활용하여 아이가 문장을 써보도록 해주세요. 주제가 우리 가족이라면, "난 아빠가 좋다. 왜냐하면. 아빠는 ~~와 ~~를 잘하기 때문이다." 이런 식으로 문장을 구성하도록 힌트를 주면 좋습니다.

〈엄-영-미 16화 solution〉

영어는 백점을 받아야 하는 시험 과목이 아니라 아이의 생각과 감정을 표현하는 언어입니다. 아이가 받아오는 시험 점수를 묻기보다, 아이가 하고 싶은 말이 무엇인지 간단한 질문으로 아이의 입이 열리게 해주세요.

사람은 누구나 확실히 알지 못하는 것에 머뭇거리게 마련입니다. 영어는 틀려도 되는 언어라고 말해주어 아이의 부담을 덜어주세요. 자유로운 표현과 시행착오를 통해 아이는 말하는 법을 스스로 터득하면서 세상을 향해 많은 말을 쏟아내는 수다쟁이가 될 것입니다.

영어 발음이 안 좋은 아이

08
_____

- **대상**
  - 영어 발음이 좋지 않아 영어가 싫어지는 아이
  - 영어 발음에 자신감이 없는 아이

- **학습 방법**   분철음分綴音 학습법

  – 이것은 단어의 자음과 모음을 각각 떼어 읽는 발음법입니다.

•• 영어 발음의 원칙을 알아두세요!

영어는 모음 중심이라 알파벳 음가音價 하나하나가 각기 제 소리를 내는데, 강하고 긴 모음이 자음을 끌고 가면서 소리가 이루어진다는 특징이 있습니다. 따라서 영어 발음 교정의 시작은 모음의 음가를 정확히 내는 것에서 시작해야 합니다. 입모양을 좌우로 벌리면서 모음을 강하게 소리 내서 자음을 끌어당기는 방식으로 소리 내야 합니다. 예를 들어 "H+a+v+e = 히 + 애 + 브" 식으로 하나씩 떼어 읽다보면 알파벳 각각의 입모양과 혀 위치를 알게 됩니다. 꾸준한 반복 연습은 발음이 나쁜 아이에게 효과적입니다.
처음에는 어색하지만, 꾸준한 반복을 하면 자연스러운 영어 발음이 될 것입니다.

- 아이의 발음에 이상이 있는 경우, 초등학교 1학년이 시작되기 전에 치료를 해주는 것이 좋습니다. 초등학교는 중요한 사회생활을 시작하는 시기니까요. 발음이 안 좋은 아이들은 자기네 세계에서 도태될 수 있기 때문에 초등학교 전에 아이의 발음을 잡아줄 필요가 있습니다.

☞ **발음이 안 좋은 아이, 학습법 들어가기 전에 할 일은?**

(1) 아이의 언어 발달 상태를 체크 & 발음 스트레스를 없애주세요.
- 영어 발음이 안 좋은 아이는 일단 모국어 발음을 먼저 체크해봐야 합니다. 아이가 모국어 발음에 문제가 있다면, 전문적인 발음교정과 언어치료를 받아볼 것을 권합니다. 단지 영어 발음만 안 좋다면, 학습법을 개선해줌으로써 금방 좋아질 수 있습니다.

- 말하는 것에 거부감이 있는 아이들은 영어 부담감을 덜어주는 것이 급선무입니다. "엄마가 자꾸 발음만 지적해서 미안해. 이제 안 그럴게." 엄마와의 약속을 통해 아이의 스트레스를 없애주세요. 영어 발음이 안 좋은 아이에게 틀린 발음을 계속해보라고 하거나 영어 대답을 요구하는 것은 아이들에게 발음에 대한 열등감을 주고 주눅을 들게 하고 자신감을 떨어뜨릴 수 있습니다. 아이에게 발음에 대한 콤플렉스가 생기면 입을 닫아버리는 경우도 있으니, 명심하세요.

(2) 자신감을 찾을 수 있도록 도와주세요.
- 아이의 성격에 맞는 놀이 활동을 통해서 영어에 대한 흥미를 찾아

주세요. 예컨대 활발한 여자아이에게 영어 댄스는 여러 가지 댄스 동작을 통해 자연스럽게 영어 문장을 익히고 오래도록 기억할 수 있도록 해줍니다. 아이들은 스트레칭, 손잡고 돌기 등의 재미있는 동작을 영어와 함께 하면서 영어에 마음을 열기 시작할 수 있거든요. 또한 아이의 적극적인 참여를 유도해 영어의 흥미를 유발시킬 수 있습니다.

– 발음이 안 좋은 아이라고 해서 듣기나 읽기가 떨어지는 것은 아닙니다. 발음에 비해 상대적으로 좋은 듣기-읽기로 자신감을 찾아주세요.

☆ 발음을 듣고 그에 해당하는 단어 찾기 활동을 해보세요.

(a) 여러 가지 단어카드를 늘어놓습니다.
(b) "B.. B.. Boat, 찾아볼래?"
(c) 아이는 열등감을 가진 발음과 상관없이 Boat라는 카드를 찾으면서 자신감을 회복할 수 있겠지요.

(3) 본격적인 발음 교정을 해주세요.

아이가 자신감을 찾았을 때, 분철음 훈련을 하면서 혀의 힘을 길러주는 훈련을 병행함으로써 발음 교정을 하면 됩니다.

● **주차별 구체적 Solution**

1주 자음과 모음 따로 떼어서 발음하기

● 엄마와 함께 분철음 훈련으로 자음 모음의 소리를 알아봅니다.

엄마와 함께 발음 연습을 해보세요.

☆ 자음과 모음 따로 떼어 읽는 분철음 발음 연습

(1) 영어 단어가 쓰여 있는 카드를 준비합니다.
(2) 카드를 한 장씩 보여주면서 같이 읽어봅니다. 엄마 입모양과 표정을 따라하도록 해주세요. "엄마 입모양이 어떻게 됐지?" A(애) 할 때는 입을 옆으로 쭈~욱~
(3) 영어 발음 원칙에 따라 읽는 연습을 합니다.
　　　　cat = c(크) + a(애) + t(트)
　　　　apple = a(애) + pp(프) + le(ㄹ)
(4) 아이를 끊임없이 칭찬하고 안아주세요.

☆ 알파벳 스티커 놀이로 하는 분철음 훈련

(1) 영어 알파벳 스티커를 준비하세요.
(2) 단어카드를 늘어놓으세요.
(3) 엄마가 영어 단어카드를 보여주면서 읽으면 아이가 알파벳 스티커로 그 단어를 똑같이 만들면서 따라 읽도록 해주세요. 알파벳 C를 붙이면서 '크'.. A를 붙이면서 '애'.. T를 붙이면서 '트'...

2주　자기 발음 녹음해서 듣기

● 1주차에 자음과 모음의 소리를 알았다면, 2주차에는 영어 발음의 원리 알아봅니다.

자신의 발음을 원어민 발음과 비교해 보면서 스스로 비슷한 발음을 찾아가도록 도와주는 학습단계. 발음을 정확히 하고 있는지 아이 스스로 확인하도록 해주세요. 영어를 언어가 아닌 '말하기'로 받아들이는 음성인식 지도법을 이용하세요.

- 엄마랑 소리 내어 책읽기: 영어와 한글을 섞어서 책을 읽도록 합니다.
  - 가위 · 바위 · 보를 해서 이긴 사람이 책 읽어주기 게임을 해보세요.
  - 책 읽을 때마다 스티커를 붙여주는 "~~의 칭찬카드"도 좋아요.

☆ '칭찬카드'로 책읽기 재미를!

(1) 손바닥만한 작은 카드에 "~~의 카드"라 적고, 커피숍 카드처럼 동그라미를 그리고 다섯 번째에 '소원 들어주기'라고 적어두세요. 책 한 권당 스티커 한 개를 제공하고, 스티커 5개가 모이면 소원 들어주기 또는 인형 사주기 등의 조건을 겁니다.
(2) 영어 & 한글 책 몇 권을 옆에 두고 가위 · 바위 · 보 게임을 하세요.
(3) 이긴 사람이 읽어주고 싶은 책 한 권씩 가져가세요.
(4) 책을 읽어주면 스티커를 한 장 붙여주세요.

☆ 아이와 책읽기 할 때 꼭 지키세요!

(1) 엄마가 읽어줄 때 "따라 해봐!"라고 말하지 마세요.
(2) 아이가 읽을 때 잘못된 발음은 절대 지적하지 마세요.
(3) 단지 "읽어주니까 진짜 재미있네." 격려해주기만 하면 됩니다.

3주 책 속 단어 혼자 분철음으로 읽기

● 2주차에 영어 발음의 원리를 알았다면, 자음·모음의 발음을 유추해보는 활동을 합니다. 알파벳의 발음 원리를 알면 모르는 단어도 당황하지 않을 수 있어요. 다른 사람의 도움이나 지도 없이 영어 동화책을 혼자 읽으면서 스스로 단어 발음을 찾아갈 수 있는 시간을 주세요.

〈엄-영-미 7화 solution〉

영어 발음이 좋다고 해서 영어신동인 것은 아닙니다. 지금 당장은 다른 아이보다 뒤처진다 해도 내 아이가 영어에 대해 즐거움과 자신감만 가지고 있다면 언제라도 또 누구나 영어신동이 될 수 있습니다.

아이의 말은 귀로 듣는 소리가 아닌 마음으로 읽는 신호입니다. 아이의 얘기가 궁금하다면 입을 쳐다보지 말고 눈을 바라보세요.

영어 말하기 실력이
부족한 아이

09

벌리츠식
학습법

- **대상**
  - 영어를 못하는 건 아닌데, 단지 자신감과 기술이 부족한 아이
  - 발음과 표현에 울렁증이 있는 아이
  - 문법 위주 교육의 피해자로, 머리로는 아는데 입으로 나오지 않는 모든 사람들

- **학습 방법**   벌리츠(Berlitz)식 학습법

  - 이 학습법은 같은 대사에 대해 동일한 발음으로 계속 따라하는 방법입니다. 종이에다 영어를 계속 쓰다보면 암기하게 되는 것처럼, 계속 영어로 말하다보면 선생님의 그 동작, 그 발음, 그 상황을 기억하게 되는, 일종의 조건반사 학습법입니다.

  - 벌리츠(Berlitz)란 1878년 언어학자 벌리츠에 의해 세워진 회화 중

심 어학원의 이름입니다. 미국에 영어를 못하는 사람들이 와서 영어를 모국어처럼 습득하게 하도록 하는 훈련법에서 시작되었다죠. 예컨대 선생님이 책상을 보고 "This is a table."이라는 문장을 말하면서, 아이가 그대로 따라서 "This is a table."이라고 말하도록 시킵니다. 이것이 반복되면 동일한 상황이 되었을 때 table을 본 아이가 저절로 (조건반사로) "This is a table." 이라고 말하게 됩니다.

— 벌리츠식 학습법을 통해 영어 자신감을 향상시킬 수 있습니다. 머릿속으로는 무어라고 말해야 할 줄 아는데, 입으로 말하지 못하는 '스피킹 울렁증'이 있는 사람들에게 좋은 학습법입니다. 문법이나 어휘가 아닌 목표어의 음성적인 측면을 강조한 방법이라, 발음과 표현 울렁증이 있는 아이들에게 효과적인 방법입니다.

● **주차별 구체적 Solution**

1주 똑같이 따라 말하기

● 따라 하기

선생님이나 엄마의 발음, 또는 영어 비디오의 발음을 똑같이 따라 해 보거나, 사물과 문장을 따라서 연습합니다. 영어 DVD (영어자막)를 함께 보면서 재밌고 쉬운 문장들의 발음과 억양을 따라 해보도록 해 주세요.

2주 문장 통째로 암기하기

● 암기하기

- 그림이나 어떠한 상황 속의 영어 문장을 통째로 외웁니다.
- 예를 들어 dancer는 춤추는 사람이란 식으로 단어의 뜻과 스펠링을 암기하는 게 아니라, 춤추는 사람을 보면 "She is a dancer."라는 문장이 조건반사적으로 튀어나오게 문장을 통째로 암기하는 거죠.

- 문장을 통째로 암기하면 발음도 부드러워지고, 영문법에 대한 기초 개념도 저절로 생깁니다.
- 격려와 존중으로 영어 듣기에 대한 집중력을 유도해주세요. 초조함은 아이의 귀를 닫게 하니까요.

3주 통째로 외워 생활 속에서 적용하기

● 적용하기

아이를 데리고 슈퍼로 가서 여러 가지 물건들이나 상황을 영어로 말해봄으로써 아이의 생활 속으로 영어를 가지고 오세요. 이때, 문법,

> 단어를 틀리게 말해도 상관없으니 아이를 지적하면 안 됩니다.
> 사물의 이름을 말할 때 This is 로 표현하는 것을 아는 아이는 슈퍼에서 "This is an apple." "This is a piece of bread." 라고 말하는 것이 자연스러울 것입니다.

〈엄-영-미 6화 solution〉

8살의 영어는 틀려도 상관없는 영어입니다. 틀려도 즐겁기만 한 영어가 아이의 영어시간을 행복하게 해줄 수 있습니다. 엄마에게 사랑받고 인정받는다는 자신감이 아이를 행복하게 해줍니다. 비교와 열등감에서 벗어났을 때 아이의 영어 세계가 행복해지는 거죠. 세상에서 가장 당당하고 자기 잘난 맛에 즐거워할 나이, 8살 아이에게는 무엇보다 자신감을 불어넣어주세요. 영어를 공부하는 아이의 얼굴에서 환한 미소를 발견할 수 있을 것입니다.

활발한 성격의 아이

10
___

● **대상**
- 영어 성적이 중상위권 되는 말하기 좋아하는 여자아이
- 어휘력과 발음이 어느 정도 갖추어진 아이

● **학습 방법**   수다학습법

- 수다학습법이란 아이들이 모여앉아 문법에 상관없이 영어 수다를 떨게 하는 방법입니다.

친구들과의 '누가 더 많이 말하나?' 내기는 활발한 아이들이 즐겁게 영어를 학습하는 최선의 방법이 될 수 있습니다.

● 주차별 구체적 Solution

1주 마음대로 그림 표현하기

- 그림이나 상황 보고 마음대로 이야기 만들기

엄마 : 이게 무슨 그림이지? 보이는 것이나 생각나는 것을 말해 볼래?

아이: "She chooses the chocolate cake."

그림이 그려진 카드를 보면서 문장을 만들어보게 합니다. 문법이 틀려도 상관없으니 수다를 떨듯 발표하도록 유도해보세요.

기본단어와 표현력만으로 창의적인 문장을 만들면서 영어문법이나 어순에 대한 창의적인 접근이 가능해집니다. 그룹수업을 통해 승부욕을 자극하는 것도 좋은 방법입니다. 그림 카드는 동화의 한 장면이어도 좋고, 엄마가 그린 그림이어도 좋고, 어떤 그림이든 상관없습니다.

2주 일대일 영어 수다 게임

- 번갈아 이야기하기

엄마와 서로 번갈아 가면서 한 문장씩 이야기를 해보는 게임입니다.

☆ 영어 수다 게임 해보세요.
(1) 주제를 정하고 번갈아가면서 한 문장씩 이야기하기.
(2) 수다게임의 주제는 무엇이든 좋아요. 주변에 보이는 사람, 사물을

적극 활용해서 주제를 정해보세요.
(3) 단, 어떤 상황에서도 한국말을 하면 안 됩니다. 질문과 대답을 영어로 이어가다가 말문이 먼저 막히는 사람이 지는 것입니다.
(4) 이긴 사람 소원 들어주기 등의 벌칙을 정해놓고 하면 한층 더 즐거운 게임이 될 수 있습니다.

3주 제한된 단어로 문장 표현하기

● 무작위로 선택한 3개의 단어를 사용하여 문장 만들기 놀이

"Sky, balloon, boy 이렇게 세 단어가 들어가는 문장을 만들어볼까?" 하는 식의 놀이입니다. 물론 세 단어는 고정해둘 필요가 없죠. 예컨대 mother, water, ring 등 아무 거나 사용해도 좋습니다.

제한된 단어를 사용하는 문장 만들기 놀이는 아이의 영어 구문력構文力과 상상력을 증진시킬 수 있습니다. 아이와 번갈아 하다가 문장 만들기에 실패한 사람이 지는 것입니다.

〈엄-영-미 8화 solution〉

◇◇◇◇◇◇◇◇◇◇◇◇◇◇◇◇◇◇◇◇◇◇◇◇◇◇

활발한 아이에게 정신없이 말만 많다고 혼내신 적은 없나요? 아이의 말에 귀를 기울여보세요. 그 안에 아이의 생각이 숨어있고 아이의 영어 실력을 향상시킬 수 있는 비법이 숨어있답니다.

소심한 성격의
아홉 살 여자아이

11
___

잘난 척
학습법

- **대상**
  - 소극적 성격의 아이
  - 영어 실력이 중하위권인 여자아이

- **학습 방법**   잘난 척 학습법

  – 잘난 척 학습법이란 '잘난 척 동사'(have, get, experience)를 사용해 문장을 만들어 말함으로써 자연스럽게 자신감을 회복하는 학습법입니다.

  – 자신감 회복을 위해서는 아이들이 좋아하는 놀이를 통해 영어를 접근하는 것이 좋습니다. 흥미를 접목한 영어활동을 통해 아이에게 편안한 영어 환경을 조성해줌으로써 아이들이 스트레스 상황을 벗어나 자연스러운 영어 말하기가 가능하도록 도와주세요.

- **주차별 구체적 Solution**

1주 놀이를 통한 흥미 유발

- **아이의 흥미에 영어 접목하여 놀기**

    아이가 미술을 좋아한다면 미술 영어로 학습을 시작합니다.

    ☆ 미술을 좋아하는 아이와의 흥미 유발 수업
    (1) 스토리북으로 먼저 영어 패턴을 익히도록 합니다.
    (2) 스토리북과 관련된 미술 활동을 합니다.

    아이들의 굳은 얼굴이 즐거움으로 편안해지면서 자연스럽게 영어를 말하게 될 것입니다. 아이가 좋아하는 것으로 접근해 편안한 환경을 조성해 영어 활동을 한다면 더 많은 영어를 사용할 수 있게 되거든요.

2주 영어 그림노트 만들기

● **이미지를 통한 어휘 습득**

어휘에 약하고 미술을 좋아하는 아이는 이미지를 통한 어휘습득이 필요합니다.

☆ *영어 그림노트 만들어보세요.*

(1) 한 페이지에 단어와 연상되는 그림을 그립니다. 엄마가 영어 단어를 불러주면 그림으로 그리는 '받아 그리기'도 좋습니다. Apple을 불러주면 사과 그림을 그리는 방법으로 영어 그림노트를 만드는 겁니다.

(2) 엉뚱한 그림을 그리더라도 다그치지 말고 단어 뜻을 설명한 후 다시 그리도록 합니다. 끊임없이 칭찬해주세요.

3주 잘난 척 학습법

● **Have 동사 게임하기**

Have, get, experience와 같은 '잘난 척 단어'들로 문장을 반복 학습하는 활동입니다. "나 차 있다~, 나 인형 있다~, 난 선물 받았다~" 등등 잘난 척 문장을 통해, have란 단어는 소유를 자랑할 때 쓰는 단어구나, 하고 인식하게 되죠. 또한 잘난 척 학습을 통해 덤으로 자연스럽게 자신감도 생길 수 있습니다.

☆ *"I have ~" 잘난 척 게임*

(1) 각자 종이에 좋아하는 단어를 10개씩 씁니다.

(2) 먼저 아이가 쓴 단어를 엄마가 맞추어봅니다. "Do you have a bag?"

(3) 엄마가 말한 단어가 아이의 10개 가운데 있으면, 아이는 이렇게 대답합니다. "Yes, I have a bag. Do you have a pencil?" 그러면 이번엔 엄마가 답하는 거지요.

(4) 위의 방법을 반복해서 상대방 단어를 먼저 다 맞춘 사람이 이깁니다.

(5) 엄마가 이기면 어깨 주물러주기, 아이가 이기면 맛있는 간식 사주기 등으로 상품을 걸어보세요.

(6) 게임에 나온 단어들을 종이에 적는 활동으로 단어 복습 활동을 해봅니다.

소극적인 아이를 북돋우는 storytelling 역할극 놀이

소극적인 성격을 가진 아이에겐 스토리텔링을 이용한 학습이 제격입니다. 인형 만들기 등과 병행해서 연극처럼 맡은 역할의 대사를 소리 내어 읽으면서 재미있게 학습해보세요.

(1) 스토리북 속의 그림을 보고 무슨 이야기인지 상상하면서 한국말로 이야기 나누어보세요.

(2) 엄마가 전체적인 줄거리를 설명하고 스토리북을 읽어주세요.

(3) 스크립트에서 각자 배역을 정한 후, CD를 들으며 대사를 따라하게 해주세요.

(4) 아이와 종이 인형을 만들어보세요.

(5) 종이 인형으로 영어 롤 플레이를 해보세요. (스크립트를 보고 읽어도 좋겠지요.)

(6) 엄마는 즐겁고 유쾌하고 밝은 톤으로 아이를 리드해주세요.

⟨엄-영-미 8화 solution⟩

말이 없다고 아이가 영어를 못한다고 생각하시나요? 명심하세요, 아이의 머리와 가슴 속에 숨어있는 많은 영어들이 아이의 성격 때문에 표현되지 못하는 것일 수도 있답니다. 칭찬하는 영어로 아이가 입을 열수 있도록 도와주세요.

"너는 어쩜 그렇게 영어를 잘하니?"

수줍음 많은
아홉 살 남자아이

12

큰 소리
영어법

- **대상**
  - 내성적인 아이
  - 상상력이 부족한 남자아이
  - 수줍음이 많고 문장구성 능력이 떨어지는 아이
  - 영어 배우는 속도가 느린 아이

- **학습 방법**   큰 소리 영어법

   – 큰 소리 영어법이란 아이가 흥미를 갖는 사물이나 상황과 관련된 영어 단어, 문장을 큰 소리로 말함으로서 영어에 대한 용기와 적극성을 길러주는 공부법입니다. 아이는 상황에 대한 문장 표현과 자신의 귀를 울렸던 큰 목소리를 기억하게 됩니다. 이때 목소리는 클수록 좋답니다.

   – 큰소리 영어 학습법은 아이들이 큰 소리로 문장을 말하면서 어순 감각을 자연스럽게 익힐 수 있는 학습법입니다. 또한 풍부한 단어 습득

과 말하기 연습에 도움이 됩니다.

- **주차별 구체적 Solution**

1주 큰 소리로 영어 단어와 문장 따라하기

- 영어로 된 영화나 동화 보면서 문장 큰소리로 따라하기

  영어 문장을 큰 소리로 따라하게 하세요.

2주 아이 목소리 녹음해 반복해서 들려주기

- 영어 동화책 읽으면서 녹음해 들려주기

  ☆ 큰 소리 영어법으로 영어 동화 읽으며 녹음하기
  (1) 동화책을 읽으면서 음성녹음을 합니다.
  (2) 아이가 잘못 읽더라도 절대 채근하지 말고 기다려주세요.
  (3) 녹음한 음성을 함께 따라해봅니다.
  (4) 모르는 단어가 나오면 그때마다 찾도록 해주세요.
  (5) 하루 30분씩 꾸준히 하는 것이 중요합니다.

3주 생활 속에서 영어 표현 반복하기

- 팬터마임 영어법으로 생활 속 영어 표현 반복

- 팬터마임 영어법은 동작으로 영어 문장 패턴을 익히는 방법입니다.
- 수줍음이 많고 문장구성 능력이 떨어지는 아이는 상상력을 자극하는 흥미유발이 필요합니다. 상상력을 통해 말을 내뱉도록 하는 훈련을 통해 정확하지 않아도 영어로 말을 내뱉을 수 있게 됩니다. 동작을 하며 큰소리로 영어를 말하도록 유도합시다.

☆ 팬터마임 영어법은 이렇게:

〈팬터마임 공 던지기〉

(1) 가상의 공을 만들어서 던지고 받는 팬터마임 놀이를 해보세요.
(2) 공을 던질 때 반드시 "Throw the ball~" 이라고 말해야 던진 것이 됩니다.
(3) 공을 받을 때는 "Catch the ball~" 이라고 말해야 합니다.
(4) Throw up & down 등 다양한 방향으로 확장 가능한 수업입니다.

〈엄-영-미 3화 solution〉

영어로 고통 받던 아이들도 자신에게 맞는 영어 학습법으로 세상의 중심에서 영어를 외칠 수 있습니다. 느리게 걷는 아이는 모자란 아이가 아니라, 세상을 천천히 둘러보는 아이입니다. 세상의 속도에 아이를 맞추려고 하지 말고 그 아이만의 속도로 세상을 경험할 수 있도록 도와주세요.

기초가 부족한
아홉 살 남자아이

13

팀플
잉글리시

● **대상**
- 팀 운동을 좋아하는, 영어를 체계적으로 배워보지 않은 아이
- 팀 운동을 좋아하는, 알파벳은 알지만 알파벳의 정확한 소리를 모르는 아이
- 팀 운동을 좋아하는, 간단한 영어 질문에 대답을 못하는 아이

● **학습 방법**   팀플 잉글리시

– 팀플 잉글리시는 학습법의 이름은 아닙니다. 팀의 승리를 위해 각자 맡은 포지션에 최선을 다해서 팀의 승리를 이끌어가는 팀 플레이(team play) 방법을 이용하는 영어 학습을 가리킵니다. 단체로 하는 팀 운동에 익숙한 아이들은 영어 학습도 공부로 하는 것이 아니라, 스포츠에서처럼 여러 명이 짝을 지어 학습하는 것이 효율적이기 때문에, 임의로 이름

을 붙였을 뿐이죠.

- 팀 플레이란 팀의 승리를 위해 자기 포지션에서 맡은 역할을 완수하는 것인데, 팀 플레이 이전 단계에서 각 개인이 관련 기술을 충분히 연습해야 경기 때 실력이 발휘될 수 있습니다. 즉, 영어 팀 플레이를 하기 위해서는 사전 홈스쿨링이 필요한 것이죠. "오늘 실전에 쓰일 영어는 이런 것들인데 미리 준비해 팀 점수에 기여하자"고 설득해보세요. 학습 과정은 "작전 짜기-실력발휘"의 반복으로 동료나 상대편에게 자기 의사를 정확히 전달하기 위해 즐거운 마음으로 영어를 배우게 될 것입니다.

- 오랜 시간 동안 축구 훈련을 통해 정정당당한 규칙의 준수, 상대 선수 배려, 솔직한 패배의 인정, 승부근성 등의 스포츠 정신이 배어있는 유소년 운동선수에게는 스포츠와 영어를 접목시키는 학습법이 안성맞춤입니다. 즉, 힘든 학습이 아니라 즐거운 활동으로써 영어를 하게 만드는 것이죠. 대부분의 아이들은 날씨나 색깔, 과일 등으로 영어를 시작하지만, 운동을 좋아하는 아이들은 자기가 좋아하는 운동을 도구로 영어를 배우는 것이 좋습니다.

- 알파벳을 가지고 팀을 이루어 미션을 완수하거나 상대방과 게임을 하는 방식을 통해, 아이의 승부욕과 학습의욕을 동시에 자극할 수 있습니다. 운동과 영어를 한 번에 잡는 "맞춤형 스포츠 영어활동"을 활용해보세요.

● 주차별 구체적 Solution

1주 동기 부여

● 롤 모델 통해 영어 공부의 필요성 알려주기

꿈 많은 남자아이들은 자기만의 영웅이 있기 마련. 축구에 빠진 아이에게는 좋아하는 선수의 인터뷰나 경기 장면이 자극제가 될 수 있고, 야구에 빠진 아이에게도 우러러보는 선수의 영어 인터뷰 장면이 동기를 부여할 수 있습니다.
Solution 1단계에서는 영어를 해야 하는 이유를 아이가 느낄 수 있도록 하는 것이 커다란 목표입니다.

☆ 축구에 빠진 아이에게 동기 부여하기

(1) 아이가 좋아하는 축구선수의 영어 인터뷰 장면을 인터넷에서 보여주세요.

(2) 아이에게 영어를 해야 하는 이유를 느낄 수 있도록 이야기를 들려줍니다. "영어는 세계의 팬들과 만나기 위해 꼭 필요해. 박지성 선수처럼 최고 선수가 되면 각국의 외신기자들과 영어로 인터뷰할 필요가 있지 않을까?" 등, 아이와 상상하면서 이야기해보세요.

● 인생 로드맵 만들기

장래 목표가 뚜렷한 아이는 인생 로드맵과 그와 관련된 영어 학습 로드맵을 구체적으로 만들어보도록 하는 게 좋습니다. 계획대로 실천만 하면 꿈이 현실이 될 것 같은 느낌이 들어 영어 공부에의 의욕이 생길 수 있답니다.

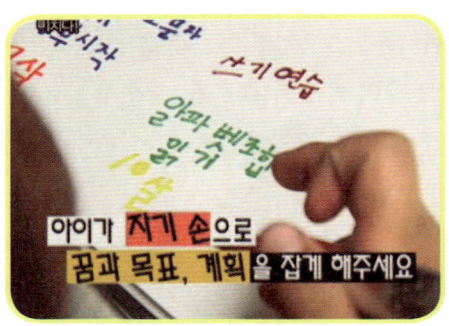

☆ 축구선수를 꿈꾸는 아이의 인생 로드맵은?

− 커다란 종이에 "20살, 25살, 30살 ……"을 적어보도록 해주세요.

20살 박지성 선수처럼 맨유 입성.

25살 아르헨티나 메시처럼 공격수 되기.

30살 유명한 국제심판이 되기 위한 유학.

40살 축구 꿈나무를 육성하는 뛰어난 지도자...

2주 어휘력 보충하기

● 반대말 퍼즐 놀이하기

영어 기초가 부족한 아이들은 단어 암기력이 떨어지고, 영어 암기가 부담스러운 것이 당연합니다. 반대말 퍼즐 놀이는 여자아이들에 비해 어휘력 발달이 느린 남자아이들이 좋아하는 어휘력 보충 놀이입니다. 반대말 퍼즐 놀이는 서로 뜻이 상반되는 어휘를 한꺼번에 외우는 놀이 학습입니다. 관용구를 기억하듯 단어를 2배속으로 암기할 수 있는 활동이죠.

☆ 반대말 퍼즐 놀이는 이렇게 :

(1) 반대말이 쓰인 영어 단어 퍼즐 카드를 준비합니다. 집에서 아이들과 함께 반대말 퍼즐을 만들어보는 것도 좋습니다.

http://www.kizclub.com사이트에서 Topics 내용 중 'opposites'를 참고해서 만들어보세요.

(2) "Up과 반대되는 퍼즐은 뭘까?" 반대말이 한 세트로 되어 있는 퍼즐에서 down 퍼즐 단어를 찾으면서 노는 활동입니다.

3주 팀플 영어 미션으로 승부욕 자극하기

● 팀플 영어 미션으로 승부욕, 학습의욕 자극하기

팀워크가 중요한 스포츠에서처럼 팀워크로 영어 게임과 미션을 완수하는 동안 영어에 대한 흥미와 의욕이 높아집니다. 영어 실력이 비슷한 친구들과 그룹지어 미션수행 게임을 즐겨보도록 해주세요.

☆ 팀플 영어 미션 놀이는 이렇게 :

(1) 친구들을 두 팀으로 나누세요.
(2) 영어 스펠링 카드를 바닥에 펼쳐놓으세요.
(3) 예컨대 "What is the spelling for BOY?" 같은 과제를 줍니다.
(4) 그러면 아이들은 올바른 스펠링 B, O, Y를 찾으면 됩니다. 여기서 빨리 정확하게 카드를 찾는 팀이 우승하는 게임이죠. 비슷한 또래친구들 사이에서 9살 아이의 승부욕과 학습의욕을 마음껏 펼치면서 영어 실력이 쑥쑥 늘어날 수 있습니다.

〈엄-영-미 18화 solution〉

아이들은 작은 동기부여만으로도 영어에 재미를 느낄 수 있습니다. 영어 못하는 아이라고 혼내지 말고 아이 꿈의 연장선에서 영어를 통해 멋진 미래를 꿈꿀 수 있도록 도와주세요.

영어를 목표나 성적 자체로 강요하면 어떤 아이라도 영어를 싫어하게 됩니다. 영어는 단지 아이의 꿈을 이루기 위한 친구이자 도구일 뿐이니까요. 영어를 자기 꿈의 날개로 활용하고 마음껏 펼칠 때 아이가 행복해질 수 있음을 기억하세요. 결과에 집착하는 영어는 100% 실패하게 됩니다.

영어 성적
중·하위권 아이

14

역할교환 학습법

- **대상**　· '영어울렁증'이 있는 10살 아이
　　　　　· 또래에 비해 영어 성적이 낮아 자신감이 없어진 아이

- **학습 방법**　역할교환 학습법

– 역할교환 학습법이란 아이들이 선생님이 되어 배운 단어를 직접 가르쳐보게 하는 방법입니다. 배운 단어를 다른 사람에게 직접 가르치는 역할교환 학습법으로 아이는 자신도 모르는 사이에 기억력을 높일 수 있게 됩니다. 수동적인 입장에서 남에게 배우는 것은 30%쯤 기억하지만, 능동적인 입장이 되어 내가 남에게 가르치는 것은 80% 이상 기억할 수 있습니다.

― 아이들에게 학교나 학원에서 배워온 영어를 엄마나 가족들에게 가르치도록 해보세요. 아이가 선생님이 되면 배운 내용을 제대로 기억하고 있는지 확인이 가능합니다. 가르치는 입장으로서의 책임감도 갖게 되어 아이들은 열심히 참여하게 된답니다. 만약 다르게 기억하고 있다면 아이의 자존심이 상하지 않는 범위 내에서 넌지시 지적하고 복습하는 시간을 갖도록 도와주세요.

― '영어울렁증'은 (좋고 싫고) 기분의 문제이지 (학습능력) 장애가 아닙니다. 영어는 말이지 공부가 아니라는 생각이 필요하고, 영어 공부방보다는 영어 놀이동산을 만들어 주는 편이 더 좋습니다. 즉 영어를 못한다는 사실을 아이 자신이 알지 못하게 해야 영어울렁증이 극복됩니다.

― 중·하위권 성적을 맴도는 아이들은 비교당하고 혼나느라 주눅이 들어있습니다. 이런 아이들에게 최우선 과제는 열등감 극복입니다. 영어에 대한 열등감으로 영어울렁증이 있는 아이들에게 역할교환 학습법을 통해 영어 자신감을 찾도록 해주세요.

● **주차별 구체적 Solution**

1주 아이가 선생님 역할 해보기

- **배운 단어를 엄마나 가족들에게 가르치게 합니다.**
  이때 아이들은 직접 단어 문제를 내면서 암기 효과를 거두고, 동시에 자신감을 회복할 수 있게 됩니다.

☆ 선생님 역할 놀이 해보세요.

방법 1〉 집에서 CD롬 보기

(1) CD롬으로 영어게임을 하도록 합니다.

(2) "어려워 보이는데 아주 잘 읽는구나. 엄마는 한 글자도 모르겠다. 엄마에게 가르쳐 줄 수 있겠니?" 아이가 엄마를 자연스럽게 지도할 수 있도록 하는 겁니다.

방법 2〉 동생과 낱말카드 놀이

(1) 동생에게 선생님이 되어 낱말카드 놀이를 합니다.

(2) 낱말 그림을 보여주면서 발음을 불러주고 동생이 따라하도록 해보세요.

2주 엄마는 같은 반 친구

● 아이의 학원이나 과외 공부에 엄마가 동급생으로 참여해서 같은 내용을 공부해봅니다.
아이 입장에서 영어 수업을 함으로써 분위기도 경험하고 아이가 어떤 부담감을 느끼는지도 같은 반 친구로서 체험해보세요.

3주 영어 교재 직접 만들어보기

- 영어 공부법을 직접 개발해보는 주체가 되어, 교재와 교구를 만들어보기

예를 들어, 한자를 좋아하는 아이는 "한글-영어-한자 (물-water-水)" 식의 단어표를 만들어보는 활동으로 학습의 주체가 될 수 있는데, 이는 아이의 영어 자신감을 회복하는 데 퍽 좋습니다.

〈엄-영-미 5화 solution〉

◇◇◇◇◇◇◇◇◇◇◇◇◇◇◇◇◇◇◇◇◇◇◇◇◇◇◇◇

아이가 잘하고 있는 것들은 무시한 채 아이가 못하는 것만 콕콕 골라서 아이를 혼내고 있지는 않으신가요? 하루에 한번 아이가 잘하는 것을 칭찬해주세요. 아이의 자존감이 높아지고 영어 실력도 저절로 서서히 향상됩니다.

어휘력 부족한 열 살 남자아이

15
―――――

그룹단어 득템법

- **대상**   단어 암기를 어려워하는 아이

- **학습 방법**   그룹단어 득템법

- 그룹단어 득템법이란, 의미나 범주가 비슷한 단어들을 그룹으로 묶어 한꺼번에 암기하는 방법입니다. 예를 들어 그리스-로마 신화를 좋아하는 아이라면 하루는 그리스-로마 신화에 나오는 신의 이름, 모험 등 신화 속 단어를 모두 다 그룹지어서 외우도록 해보세요. 이 방법을 통해 아이들은 게임하듯 단어를 '득템'할 수 있습니다.

- 그룹단어 득템법은 영어 교재나 교구 없이 언제 어디서든 가능한 방법이고, 단어 암기 시간을 줄이는 데 효과적인 방법입니다.

– 남자아이라면 과학영어나 영어잡지를 활용하는 것도 좋습니다. 아이에게 흥미로운 단어가 많이 나오는 책으로 유도하면 좋겠지요. 자동차, 로봇, 우주를 좋아하는 아이들에게는 자동차, 로봇, 우주가 인기 그룹이 될 수 있습니다. 로봇의 신체를 통해 신체 단어를 배울 수 있으므로 좋은 아이템이 될 수 있습니다. 공주를 좋아하는 여자아이라면 공주 스토리북에 나오는 단어들이 그룹단어가 될 수 있습니다.

– 그룹단어 득템법은 여럿이 함께 할수록 더 재미있게 즐길 수 있습니다. 영어 표현에 취약한 아이들도 친구들과 게임을 하면서 승부욕이 자극되어 자연스럽게 외운 단어를 말하게 됩니다.

● **주차별 구체적 solution**

1주 컴퓨터 영어게임

● 컴퓨터 영어 단어 게임

영어 단어만 보면 무기력해지는 아이를 위해서는 일단 흥미 유발이 먼저입니다. 컴퓨터 영어 게임으로 단어와 친숙하도록 해주세요. 엄마도 아이의 컴퓨터 영어게임에 관심을 가지고 동참해서 즐겨주세요.

"영어 게임은 진짜 잘 하는구나!" "이렇게 어려운 단어도 잘 맞추네." "엄마도 모르는 단어를 잘 읽는군." 등의 말을 해서 아이와 함께 영어 공부를 즐기는 것이 중요합니다.

2주 주제별 영어 단어 말하기 게임

● 영어 단어 암기 게임

– 아이에게 어느 정도 영어 단어에 대한 거부감이 없어졌다면, 게임을 통한 단어 암기를 통해 아이의 승부욕을 자극합니다. 그룹으로 단어를 외우면, 보통보다 소요시간이 줄어들 수 있습니다.

☆ 단어암기 게임은 이렇게 :

게임 1〉 생각나는 단어 말하기

(1) "Summer 하면 생각나는 단어는 무얼까?" 번갈아 가면서 한 단어씩 생각해 말해봅니다. Air conditioner-watermelon-ice cream 등등의 단어가 나올 수 있습니다.

주제 예시 1. 아이가 좋아하는 음식 이름 대기
주제 예시 2. 집 주변 가게 이름 대기
주제 예시 3. 월드컵, 하면 떠오르는 영어 단어 말하기
단어 득템의 주제는 무궁무진합니다.

(2) 게임에서 나온 단어들을 정리합니다.
   – "우리 지금까지 말한 단어들을 모두 다시 되풀이해볼까?"

게임 2〉 엄마와 소원 걸고 단어 게임 하기

(1) 엄마와 함께 리딩 책의 한 페이지를 정합니다.
(2) 그 페이지 속에 있는 단어들 골라서 묶어놓으세요.
(3) 시간을 재고 엄마와 10분 만에 단어를 외웁니다.
(4) 10분 후, 엄마와 단어 게임을 합니다.
(5) 진 사람이 이긴 사람 소원을 들어주세요.

게임 3〉 "그룹단어 득템 스피드 퀴즈대회" 활용하기

3분 동안 20개의 단어를 외운 후 영어 단어 스피드 퀴즈 놀이를 해보세요.

(주제: 여름방학)

1. summer vacation 2. a beach parasol 3. ocean 4. swimming 5. sunglasses 6. a train 7. surfing 8. wave 9. bikini 10. watermelon 11. ice cream 12. language study abroad 13. sandy beach 14. book report 15. cicada 16. insect collection 17. swimsuit 18. horror movie 19. mosquito 20. shower

〈엄-영-미 5화 solution〉

3주 아이 옆에서 엄마도 단어 공부

● 아이와의 공감대 형성과 열등감을 덜어주기 위한 노력을 해보세요.
 – 아이는 스스로 공부하려는 욕심을 가질 수 있게 됩니다.

◇◇◇◇◇◇◇◇◇◇◇◇◇◇◇◇◇◇◇◇◇◇◇◇◇

아이가 공부하는 방법을 몰라 힘들어 할 때 아이에게 최선의 방법을 찾아주세요. 아이들이 혼자 앉아 공부를 하고 있다고 자기주도적인 학습을 하고 있는 것은 아닙니다. 최선의 방법으로 최적의 효과를 낼 수 있는 길을 알려준 후 아이가 스스로 공부하도록 해주세요.

초등학교 3학년 전후의 아이

16

- **대상**　• 과목별 선호도가 생기는 초등학교 3학년 전후의 아이
　　　　　• 호기심과 집중력이 높아지는 10살 전후 아이

- **학습 방법**　내용중심 학습법(Content-based Instruction)

　- 내용중심 학습법이란 아이가 좋아하는 전공을 살리고 아이가 좋아하는 분야를 통해 영어를 자기도 모르게 흡수하도록 만드는 영어 교수법입니다. 그러기 위해서 내용중심 학습법은 아이의 관심사와 수준 파악이 첫걸음입니다. 특정한 과목은 좋아하지만 영어는 거부감을 보이는 아이들에게는 좋아하는 과목으로 영어에 접근하도록 이끌어주세요.

　- 초등학교 3학년 정도의 아이들은 과목별 선호도가 분명하게 생기

는 시기입니다. 자신 있는 과목에 대한 어휘력과 이해력이 높은 상태이기 때문에 수업을 부담 없이 받아들일 수 있습니다. 외우고 쓰는 것이 아닌 '내가 좋아하는 과목'을 존중하는 영어 공부 방법을 사용해보세요.

– 호기심이 많고 논리력과 관찰력이 뛰어난 좌뇌형 아이는 영어만을 위한 영어 수업보다 실험이나 만들기 등 과학실험을 통해 영어를 가르쳐주면 잘 따라올 수 있습니다.

● 주차별 구체적 solution

1주 좋아하는 과목을 골라 영어로 수업 진행

● 쉽게 접근 가능한 박물관이나 전시회 찾기

예를 들어, 과학을 좋아하는 아이라면 영어 과학 공원을 견학해 봅니다.

원어민 영어 선생님의 설명을 알아들을 수 있을까...? 고민하지 마세요. 원어민 선생님의 과학 설명이 100% 이해되는 것은 아니지만 관심사를 통해서 영어와 친해질 수 있고, 따라할 수 있습니다. 또한 원어민 선생님에 대한 초조함과 두려움도 많이 가시게 됩니다.

● 집에서 할 수 있는 과학 실험을 영어놀이 방식으로

☆ 영어 접근 과학수업, 엄마와 집에서 해보세요.
(1) 필요한 준비물: 냄비, 젓가락
(2) 습득 표현: stick to ~ (달라붙다), be made of (~은 ~으로 이루어지다)
(3) 비슷한 구문의 반복을 통해 즐거운 영어 실험을 해보세요.
Did you know the magnet sticks to a lot of things?
(자석이 많은 것들에 달라붙는다는 것을 넌 알고 있니?)
Does the magnet like chopsticks?
(자석은 젓가락을 좋아할까?)
Does the magnet like pots?
(자석은 냄비를 좋아할까?)
It's made of metal. (이것은 쇠로 만든 거야.)
It's not made of metal. (이것은 쇠로 만든 게 아니야.)

달달 외우는 단어 암기가 아니라, 집에서 사용하는 물건을 가지고 직접 해보는 영어입니다. 도구를 활용한 영어놀이는 아이들에게 훨씬 효과적이죠. 특히 같은 구문의 반복은 입술 근육이 기억하기 때문에 말하기 듣기에 모두 도움이 되는 방법입니다.

2주 이미 알고 있는 내용의 책을 영어로 읽어보기

● 좋아하는 등장인물과 내용을 고려한 스토리북 읽기

☆ 스토리북 이렇게 선택하세요.

(1) 아이가 좋아하는 스토리북을 선택하여 흥미와 동기를 부여합니다. 영어교재보다는 아이가 흥미를 느끼는 것에 관한 스토리북으로 흥미를 이끌어주는 것이 좋습니다. 과학을 좋아하는 아이라면, 동물, 공룡, 우주 등 관심분야에 관련된 스토리북을 선정하는 거죠.

(2) 성취감이 중요한 나이인 만큼, 낮은 단계부터 차근히 시작하는 것이 좋습니다. 욕심내지 말고 아이의 수준보다 한 단계 낮은 스토리북을 선택해주세요.

(3) 한국어로 내용을 이미 알고 있는 내용의 책을 선택해보세요. 이미 알고 있는 내용을 영어로 읽어보는 것은 아이들에게 더욱 흥미로울 수 있습니다. 알고 있는 내용이라 단어 습득에도 훨씬 효과적일 수 있습니다.

☆ 스토리북, 이렇게 보게 하세요.

(1) 모르는 단어 찾기보다 문장 표현 자체를 익히는 것이 더욱 효과적입니다.

(2) 책을 읽으면서 "이게 뭐지? 그건 무슨 뜻이야?" 하고 확인하려 드는 것은 금물!

- 영어 과학 수업에 참여해보기
  (1) 직접 만들고 체험하면서 내용을 익힐 수 있습니다. 아이는 자신이 좋아하는 문제를 해결하기 위해 수업시간에 영어를 사용하기 시작할 것입니다. 또한 궁금한 것을 알기 위한 수단으로 질문을 하기 시작할 것입니다.
  (2) 과학 수업했던 단어를 포스트잇에 정리하여 효과적인 복습 시간을 갖도록 합니다. 벽에 붙인 자신이 아는 단어를 보면서 성취감을 느낄 수 있습니다.

- body signal을 통한 발음 솔루션

  발음에 자신이 없는 아이들에게는 발음하는 방법을 알려주면 영어 표현의 부담감을 덜게 될 수 있습니다.

body signal을 통해 몸동작과 함께 발음을 배워 봅니다. 알파벳과 동물 캐릭터 몸동작을 연관시킨 body signal을 가지고 음가를 알려주면, 음가를 조합하고 단어를 외우지 않고도 쓸 수 있는 능력이 향상되어 듣기만 하고도 자연스럽게 쓸 수 있습니다.

3주 상황을 설정해 영어로 말해보기

● **한 가지 주제를 정하고 관련 스토리북 공부하기**

☞ 스토리북을 통한 상상 인터뷰
(1) 한 가지 주제를 정해서 관련 스토리북 공부를 해보세요.
(2) 집에서 기르는 토끼를 엄마와 함께 관찰하고 토끼와 관련된 스토리북을 공부해봅니다.
(3) 아이가 토끼의 입장이 되어 상상 인터뷰를 해보는 거죠.
  – 어떤 음식을 좋아합니까? 등의 스토리북에 나온 내용을 질문합니다.
  – 아이는 토끼가 되어 영어로 답해봅니다.
(4) 스토리북과 상상 인터뷰를 통해 배운 단어들은 묶어서 따로 학습노트를 만듭니다.

● **애니메이션을 보고 엄마와 상상 인터뷰**

만약 내가 슈렉이라면? 라이언킹이라면? 등의 상황을 설정해 영어로 말해봅니다.

● **아이가 꿈꾸는 미래를 영어로 표현해보는 시간**

미래에 제 2의 아인슈타인이 된 아이에게 엄마가 TV 인터뷰를 하는 상황을 만들어보는 겁니다. 나중에 유명인이 되었다든지 큰 상을 탔다든지, 아이가 꿈꾸는 다양하고 재미있는 미래의 상황을 설정하여 영어로 표현하는 시간을 가져봅니다. 스피킹과 연상력을 동시에 높일 수 있고 아이의 자존감을 키워줄 수도 있습니다.

☆ 김연아 선수도 이런 방식으로 영어를 익혔대요.

과학자가 되고 싶은 아이에게 영어 상상 인터뷰 해 보세요!

Why did you want to be a scientist?

(왜 과학자가 되고 싶었나요?)

Who was your role model?

(롤 모델이 누구였어요?)

〈엄-영-미 9화 solution〉

• • 스토리텔링의 기술 알아두면 좋아요!

1. **이야기와 관련된 경험이나 이야기를 통해 집중을 유도해 주세요.**
   책을 읽기 전에 주제를 소개하는 방법입니다. 아이가 책의 주인공과 자신을 동일시하여 이야기에 빠질 수 있도록 도와주세요.

2. **등장인물의 성격과 상황에 맞추어 책을 읽어주세요.**
   엄마가 캐릭터나 스토리에 맞추어 목소리 연기를 해주세요.

3. **다양한 표정이나 몸짓을 이용해주세요.**
   아이가 이야기에 빠져들 수 있도록, 친근한 엄마의 표정 변화나 행동을 통해 생동감을 주세요.

4. **중간 중간 아이와 눈을 맞추고, 이야기에 집중할 수 있도록 도와주세요.**
   일방적으로 아이에게 Q&A를 요구하지 말고 아이의 눈높이를 맞추어 아이의 감정과 생각을 읽어내는 노력을 통해 아이가 진정한 "이야기꾼"이 될 수 있는 발판을 마련해주세요.

◇◇◇◇◇◇◇◇◇◇◇◇◇◇◇◇◇◇◇◇◇◇◇◇◇◇◇◇◇◇

표정이나 몸짓으로 아이가 영어에 대한 거부감을 표현하고 있지 않나요? 내 아이의 영어 시험 성적보다 먼저 살펴보아야 할 것은 아이가 정말로 영어를 즐거워하고 있느냐 하는 겁니다.

아이의 영어실력이 아이의 꿈과 함께 자라도록 하고 싶다면 아이에게 물어보세요.

"네가 가장 좋아하고 생각만 해도 행복한 것이 무엇이니?"

게임을 좋아하는 아이

17

레블-업 액션 학습법

- **대상**
  - 게임을 좋아하는 10살 정도의 남자아이
  - 순발력이 뛰어나고, 호기심이 많은 아이
  - 에너지가 넘치는 남자아이

- **학습 방법**   레블-업 액션 학습법

 -레블-업 액션(Level-Up Action) 학습법이란, 퀴즈를 맞히듯이 영어를 공부하는 학습법입니다. 게임을 하면서 일정 단계를 통과하는 성취감에 재미를 붙인 아이들은 영어 공부에서도 그에 못지않게 모험심을 발휘할 수 있습니다. 그룹 영어 단어 맞추기, 영어 스무고개 등의 게임을 통해 스스로 레블이 높아지는 걸 느끼고, 만족감과 성취감을 높여주는 학습법이죠. 게임을 통해 늘 성취감을 가졌던 아이이기 때문에 레블이 조금씩 올라가는 것을 느끼게 만드는 학습방법을 사용하는 겁니다.

- 온라인 게임이 아닌 오프라인 영어 게임들을 통해 사람들과 게임을 하면서 대인관계에 대해 배우게 되고, 정정당당한 룰도 배울 수 있게 됩니다.

- 순발력이 뛰어나고 호기심이 많은 에너지 넘치는 아이의 성향을 살린 영어 게임 놀이방법입니다. 에너지가 넘치는 남자아이들은 드럼이나 진흙반죽, 태권도, 보드게임처럼 에너지를 바깥으로 방출하고 충동성을 해소하는 운동을 시켜주는 것이 좋습니다.

● **주차별 구체적 solution**

1주 영어도 게임처럼 이기고 지는 게임

● 영어도 게임을 통해 성취감 느끼듯

컴퓨터 게임 속에서 영어공부의 즐거움을 찾을 수 있도록 합니다. 영어도 게임처럼 이기고 지는 재미가 있다는 것을 알려주세요. 게임 속 캐릭터를 키우듯이 영어 게임으로 캐릭터를 쌓는 공부법입니다.

☆ 컴퓨터 게임에 영어를 결합한 레벨-업 게임

- 닌텐도 영어게임 〈못 말리는 3공주와 함께하는 그림연상 영단어 암기 게임〉

아이는 새로운 레벨-업 영어게임이 마음에 들기 시작하게 될 것입니다. 이런 종류의 영어 게임을 통해 영어에 대한 흥미가 생기고, 실력이 조금씩 늘어가지요.

2주 생활 속 실전 영어게임

- **생활 속 실전 게임, 영어 축구**

  게임에 중독된 아이들은 온라인, 오프라인 솔루션을 병행하는 것이 좋습니다. 남자아이들에게는 운동 욕구를 펼칠 수 있는 야외활동이 필수! 영어가 결합된 단체경기를 통해 협동심과 승부욕의 짜릿함을 느끼게 해주는 것이 좋습니다.

- **친구들과 온라인 영어겨루기 게임 학습 (그림연상 게임)**

  레블-업 학습법의 본질은 친구·가족과 영어 실력을 겨루면서 스스로의 영어 레블 상승을 체감할 수 있다는 것입니다. 친구들과 단어 게임 대전을 해보세요. 영웅심리, 호기심이 극대화되는 10살 아이들에게 적합한 방법입니다.

3주 대화하는 게임으로 영어 문장 습득

- **카드게임**

  단어만 주고받는 게임으로는 구문이나 문법을 알기 힘듭니다. 영어 단어 게임에서 벗어나서 친구들과 묻고 답하는 형식의 영어게임을 해보세요. 친구가 갖고 있는 카드를 질문해가면서 알아맞히는 게임입니다.

  상황이나 상태를 묻는 영어 카드게임을 통해 영어 표현력과 어휘력을 향상시켜야 합니다. 알아맞히면 친구의 카드를 가지고 올수 있고, 그래서 카드가 많은 사람이 이기는 게임입니다. 승부의 긴장감을 느끼고 암기력과 집중력을 향상시킬 수 있습니다. 친구들과의 게임을 통해 화면 속 캐릭터보다 친구들과 만나서 노는 것이 더 재미있다는 것을 알게 되기도 하죠.

● 보드게임 & 영어 단어 빙고게임

가족끼리의 보드게임과 빙고게임을 통해 자연스럽게 단어를 습득해보세요!

아빠 엄마와 게임을 하며 어휘력도 향상시키고 온라인 게임이 아닌 오프라인 게임도 즐겁다는 것을 알게 됩니다. 초등학생을 위한 다양한 보드게임은 시중에서 쉽게 구입할 수 있습니다.

☆ 단어 빙고게임을 해보세요.

(1) 하나의 주제를 정한 후 빙고 판에 영어 단어를 쓰세요. 주제는 게임(Game)!

(2) 빙고 판에 computer, finger, money, ranking, attack, item, skip 등을 쓸 수 있습니다.

(3) 한 명씩 단어의 뜻을 한글로 말하면, 상대는 그 뜻을 지닌 영어 단어가 빙고판에 있으면 지우는 겁니다. 만약 그 단어의 스펠링과 뜻을 모른다면 지울 수 없겠지요.

(4) 가로 세로 대각선 중 한 줄을 먼저 다 지우는 사람이 승리하게 됩니다.

(5) 가족과의 보드게임과 빙고게임을 통해 이기는 사람은 3분 동안

> 왕이 돼서 뭐든지 시킬 수 있는 규칙을 걸고 놀아보세요!

〈엄-영-미 10화 solution〉

영어 학습에 도움이 되는 영어 게임 사이트 :

리틀팍스 http://www.littlefox.co.kr
[체계적인 어린이 영어 학습 사이트. 동화와 노래, 게임 등을 유료로 제공함.]

닉주니어 http://www.nickjr.com
[미국의 어린이 방송 프로그램에 나오는 캐릭터, 특히 메이지, 블루, 리틀래버, 프랭클린 등이 모두 모여 있음. 아이들이 게임을 통해 즐겁게 영어를 익힐 수 있음.]

펀브레인 http://www.funbrain.com
[영어, 수학은 물론 다양한 지능발달학습게임을 제공하는 외국 사이트. 모든 매뉴얼이 영어로 소개되고 영어로 진행되지만, 영어를 전혀 모르는 아이들도 충분히 즐길 수 있음.]

영국문화원 http://learnenglishkids.britishcouncil.org/en/games

잉글리쉬 포크 http://www.englishfork.com
[무료/유료로 영어 학습 정보를 제공하는 사이트. 단계별로 여러 학습법을 알려주고, 노래, 동화, 챈트, 게임 등도 제공함.]

내 아이가 외롭고 무서운 현실을 피해서 게임 속으로 도망가고 있지 않나요? 칭찬이 고래를 춤추게 하는 것처럼, 관심은 내 아이의 영어실력을 춤추게 합니다. 아이는 세상과 부딪히면서 어른이 되어갑니다. 두려움이 아이를 잠식하지 않도록 아이가 품고 있는 꿈의 동반자가 되어주세요.

영어 성적이
오르지 않는 아이

18

육하원칙
학습법

- **대상**
  - 기본적인 회화에 비해 어휘력과 문법 실력이 부족한 아이
  - 독해 실력이 부족한 10살 전후 아이
  - 기본기는 있는데 영어 성적이 나아지지 않는 아이
  - 조기유학을 다녀와 기본기가 갖추어진 초등 고학년 아이

- **학습 방법**   육하원칙六何原則 학습법

– 육하원칙 학습법이란, "누가, 언제, 어디서, 무엇을, 어떻게, 왜"라는 육하원칙에 따라 내용을 질문하고 대답하도록 훈련시키는 학습법입니다. 육하원칙에 따라 말하면서 문장의 필수 요소를 자연스럽게 배우게 되는 학습법입니다.

– 전달력의 기본이 되는 육하원칙에 따라 꼼꼼하게 내용을 채워서 말

하는 훈련을 하다보면 문장표현의 필수요소를 배우게 됩니다. 표현의 기본요소들을 익혀가는 공부법이므로 아이가 긴장을 풀고 길게 말할 수 있도록 엄마의 리드가 중요하죠. 이 학습법을 통해 아이들은 정확히 표현해야 한다는 책임감이 생기게 되고, 자연스럽게 긴 문장으로 말할 수 있게 됩니다. 수줍음 많은 아이는 말하기보다 쓰기부터 육하원칙에 맞게 가르쳐보세요.

- 회화에 말문이 트인 아이라면 이젠 단어 하나하나가 아니라 스토리 자체를 소화해야 할 시점입니다. 육하원칙 학습법은 영어 표현력을 폭발적으로 향상시켜 줄 수 있습니다.

● **주차별 구체적 Solution**

1주 육하원칙 채워서 말하기

● 스토리북 육하원칙

스토리북을 읽고 누가, 언제, 어디서, 무엇을, 어떻게, 왜 했는지 채워서 말해보는 훈련을 합니다. 영어 동화책을 함께 읽고 엄마가 육하원칙에 따라 질문하고 아이가 대답을 해보도록 합니다. 영어의 긴 문장표현을 위한 주어, 술어, 목적어나 전치사, 동사 활용방법까지 자연스럽게 습득할 수 있어요.

☆ 스토리북 육하원칙 학습을 해보세요!
(1) 테이프플레이어와 스토리북, 노트를 준비하세요.

(2) 테이프를 들으면서 스토리북 따라 읽기 반복하세요.

(3) 노트에 육하원칙으로 내용을 정리하세요.

☆ 스토리북 육하원칙으로 엄마와 묻고 답하기

(1) 아이가 선생님이 되어 육하원칙으로 엄마에게 설명해주세요.

(2) "이 책의 내용을 엄마한테 가르쳐주는 거야. 어때?" 아이에게 설명해주세요.

(3) 아이가 선생님이 되어 엄마에게 짧은 스토리북을 읽어줍니다.

(4) 엄마가 책의 전체 내용을 육하원칙으로 물어봐주세요.

☆ 〈백설공주〉를 읽고 육하원칙 질문은 이렇게!

- When did Snow White meet the Seven Dwarves?

  (백설공주는 언제 일곱 난쟁이들을 만났지?)

- Where did Snow White meet the prince?

  (백설공주는 어디서 왕자를 만났어?)

- Who did Snow White live with in the woods?

  (백설공주는 숲속에서 누구랑 함께 살았지?)

- What did the Queen give Snow White?

  (왕비는 백설공주에게 무엇을 주었나?)

- How did Snow White wake up from her sleep?

  (백설공주는 어떻게 잠에서 깨어났다고?)

- Why couldn't Snow White wake up from her sleep?

  (백설공주는 왜 잠에서 깨어나지 못했을까?)

아이는 긴 문장에 대답하는 데 필요한 표현을 위해 전치사, 동사 등의 활용을 자연스럽게 습득할 겁니다.

- 아이 혼자 영어 동화로 하는 육하원칙 학습

  아이가 읽고 싶어 하는 동화책을 읽도록 해주세요.

  ☆ 혼자 하는 육하원칙 학습

  (1) 영어 문장 한 개를 정하세요.

  (2) 육하원칙에 맞추어 6개 질문을 작성해보세요.

  (3) 그리고 6개 답변을 작성합니다. 그러기 위해서는 이야기 속 단어와 문법을 기억해야 합니다.

 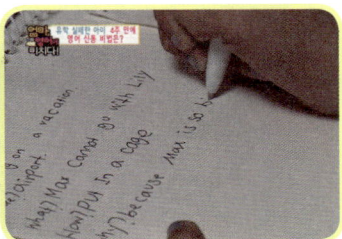

2주 영어 동화책 문장 베껴 쓰기

- 스토리북 안에 있는 2~3 문장 베껴 쓰기

  ☆ 문장 베껴 쓰기

  (1) 자신이 직접 고른 스토리북을 소리 내어 한번 읽도록 하세요.

  (2) 노트에 스토리북 그대로 베껴 쓰기를 합니다.

  (3) 문장의 뜻을 모를 때는 한글 해석을 보고 이해합니다.

  (4) 노트에 전부 베껴 쓰다보면 문장 구성요소가 파악될 수 있습니

다. 단어의 뜻까지 체크하면서 하나의 문장을 계속 베껴 쓰는 것이 근원적인 학습법입니다. 이런 과정을 통해 전치사, 접속사 등 초등학교 고학년 필수 어휘력이 저절로 향상됩니다.
(5) 모르는 단어는 "★오늘의 단어"로 표시하고 외울 수 있도록 도와주세요.

● 그림 동화와 영어 그림일기

☆ 그림 동화 만들기

(1) 아는 단어나 표현을 총동원해서 그림동화나 일기를 만들어보는 활동.
(2) 누가, 왜, 어떻게 즐거운지 이야기를 만들어봅니다.
(3) 노트에 먼저 오늘의 주제 그림을 그립니다. 장래 희망을 그려도 좋고, 엄마랑 하고 싶은 일을 그려도 좋습니다.
(4) 짧은 문장이어도 괜찮으니, 4~5문장을 쓰도록 합니다.
(5) 스펠링이 기억나지 않을 경우 사전을 봐도 좋습니다.
(6) 그림동화나 일기를 다 쓰고 난 다음, 큰 소리로 한번 읽어보도록 해주세요.

● 일대일 육하원칙 스피킹 수업

친절한 선생님과 수업이 가능하다면 시도해보세요.

(1) 요즘 재밌게 본 동화책에 대해 묻습니다.

(2) 동화의 줄거리를 한글로 설명해달라고 합니다.

(3) 육하원칙에 맞춰 한글로 줄거리를 정리해봅니다.

(4) 한글을 영문으로 바꾸면서 올바른 문법 구조를 배워보세요. 단, 이 과정에서 전치사, 접속사 등 아이가 실수한 부분을 일일이 지적하지는 마세요. 아이의 말문을 닫을 수 있습니다.

3주 육하원칙 아이디어 맵

● 아이디어 맵 만들기 활동

☆ 아이디어 맵으로 작문하기

(1) '주제'를 듣고 아이디어 맵을 만들어봅니다.

(주제: 초대장 만들기)

(2) 아이디어 맵을 기초로 하여 직접 작문을 합니다.

(3) 발표의 시간을 갖습니다.

〈엄-영-미 12화 solution〉

●●아이디어 맵이란?

> 생각한 내용을 한눈에 볼 수 있도록 영어지도를 그리는 것입니다. 작문할 내용이 한눈에 보이게끔, 육하원칙에 맞춰 문장 요소를 지도로 그리는 방법이지요.

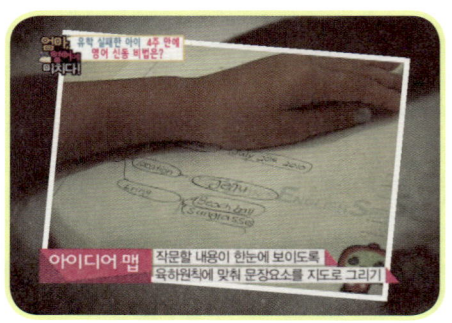

◇◇◇◇◇◇◇◇◇◇◇◇◇◇◇◇◇◇◇◇◇◇◇◇◇

조기 유학을 다녀온 아이의 경우, 유학 때 다져진 영어 기본기를 활용하면 '실패한 유학'이 아닐까 하는 걱정을 털고 영어 실력을 쌓아갈 수 있습니다. 어디서 배울 것인지도 중요하지만, 무엇을 어떻게 배울 것인가는 더욱 중요합니다. 내 아이의 영어 교육에 있어서도 육하원칙에 맞춰 계획을 짜보세요. 아이는 훨씬 더 즐겁고 확실하게 영어 실력을 쌓아갈 수 있을 것입니다. 아이를 키운다는 것은 교육의 지도를 그리고 따라가는 작업의 반복입니다. 엄마의 지도가 구체적일수록, 아이는 자신을 알고 남을 배려하는 현명한 어른이 될 수 있을 것입니다.

상위권 영어 실력의 아이

19

리더십 잉글리시

● **대상**
- 영어 놀이학습을 떼고 영어 기본기가 갖춰진 아이
- 해리포터 영어 원서를 읽을 수 있는 정도의 아이
- 영어 '프리 토킹'이 자유로운 아이
- 영어 실력의 폭을 넓혀야 하는 아이

● **학습 방법**   리더십 잉글리시

– 리더십 잉글리시란 자신의 생각을 영어로 논리적으로 밝히는 리더형 영어 학습을 말합니다. 영어 기본기가 갖춰진 아이들은 영어 놀이학습 단계를 벗어나 영어의 폭을 넓혀줄 배경지식과 사고력 및 논리력을 향상시키는 학습에 들어가야 합니다.

– 영어 논리력 학습으로 가장 좋은 방법은 NIE, 즉, 신문을 활용하는 방법입니다. "너는 스마트폰에 대해 어떻게 생각하니?"란 질문에 대해

30초 안에 영어로 대답을 할 수 있으려면 영어도 잘해야 하겠지만, 배경 지식도 풍부해야 합니다. 이를 위해서는 평소 꾸준한 영작과 독서를 통해 상식과 표현을 내 것으로 만들고, 자기 생각을 자유롭게 말하는 연습을 한 아이만이 실력 발휘를 할 수 있습니다. 다양한 매체를 통해 여러 관점들을 접해야 하는 것도 기본이지요.

NIE (Newspaper In Education) 교육

1. NIE는 어떤 교육 방법인가요?

신문을 활용한 영어 교육 방법입니다. 미국, 일본, 덴마크를 포함한 많은 선진국에선 NIE로 언어 교육을 하는 것이 보편화되어 있습니다. 아이가 알파벳과 개별 단어 학습 수준에서 벗어나 사회과학적 상식과 영문학 지식을 토대로 영어 학습의 폭과 깊이를 더할 수 있게 해주는 다감각多感覺 영어 영재 학습이라고 말할 수 있습니다.

2. 신문으로 아이의 논리력이 향상될 수 있을까요?

신문은 가장 값싸면서 정보가 풍성한 최신판 백과사전입니다. 책과 달리 어느 한 분야에 치우지지 않고 정치-경제-문화 등 다방면에 걸친 엄청난 정보가 녹아있어, 일단 상식이 풍부해집니다. 또 다양한 패턴의 글이 많이 녹아있어 영작에도 많은 도움이 될 수 있고, 다양한 글의 형식 파악에도 효과적입니다. 매일 다양한 기사를 통해 유익하고 실용적일 뿐만 아니라 소재도 풍부한 영어 학습이므로, 아이에게 큰 즐거움을 줄 수 있습니다.

영자 신문은 소재 자체가 매우 다양하고 흥미로워서 아이의 적극적인 참여를 이끌어낼 수 있습니다. 모르는 단어는 사전이나 컴퓨터로 찾아가며 공부하다보면 상식과 집중력이 동시에 향상될 수 있습니다.

3. NIE 수업 이렇게 해보세요.

What do you see in the picture? (사진에서 무엇을 볼 수 있니?)

What's the 'penalty shoot-out'? (승부차기가 뭔지 아니?)

Let's consult a dictionary or a computer! (사전이나 컴퓨터에서 찾아볼까?)

이런 과정을 통해 아이와 함께 공부하면서 지식을 확장해보는 수업입니다.

4. NIE 수업, 여기서 도움 받으세요.

이름	홈페이지	내용
타임포키즈	www.timeforkids.co.kr	영자 주간지
틴타임즈	www.teentimes.org	9~14세 대상
에듀타임즈	www.youngtimes.co.kr	아동용 영자 매거진
주니어 헤럴드	www.jherald.com	청소년 영어 신문

영자 신문과 잡지로 공부할 수 있는 사이트 :

레인저 릭(Ranger Rick)이나 내셔널 지오그래픽 포 키즈(National Geographic for kids) 같은 잡지는, 아이가 자연, 동물, 과학에 관심이 많은 경우 아주 좋습니다. 초등학생이라면 그림이 많은 영어 잡지로 시작하는 게 좋습니다. 영어 잡지는 흥미 있는 주제에 대한 다양한 표현과 어휘를 익히는 데 도움이 되거든요. 아이가 특별히 호기심을 갖는 주제가 있다면 잡지 내용을 바탕으로 포스터를 만들어보는 것도 좋습니다. 아이디어의 종류에 따라 활용 방법이 많아 집에서 부모와 재미있게 영어 공부를 할 수 있습니다.

● **주차별 구체적 Solution**

1주 영자 신문 스크랩, 단어장 만들기

● 영자 신문을 활용해 만드는 단어장

엄마가 아이보다 먼저 영자 신문을 읽어보고 공부해야 합니다. 잊지 마세요, 높은 수준의 아이라면 엄마의 앞서가는 준비는 필수!

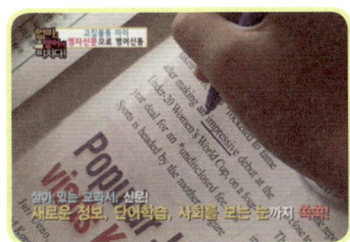 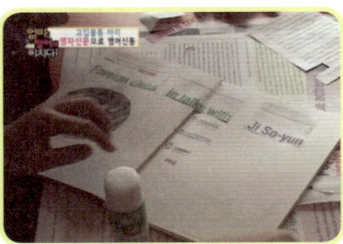

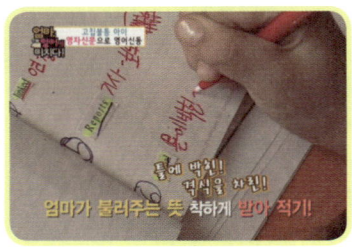

☆ 영자 신문 단어장 만들기

(1) 신문을 보다가 모르는 단어가 나오면, 단어노트에 그 단어와 관련된 사진들을 오려 붙여보세요. 어휘력과 집중력이 향상될 수 있답니다.

(2) 아이가 모르는 단어의 의미를 찾는 동안, 엄마는 친절하고 자세한 설명을 한국말로 더해주세요.

2주 영어 신문으로 논리적인 1:1 영어 토론

● **영어 신문을 통한 지능과 사고력 향상**

신문 내용을 바탕으로 자기 입장을 확립하는 과정을 통해 논리적인 말하기 실력이 쑥쑥 늘어날 수 있습니다. 이런 수업은 자신의 의견만을 고집하지 않고, 균형 잡힌 시각을 갖게 되는 훈련 방식입니다.

☆ 1:1 토론 수업 해보세요.
(1) 직접 스크랩하고 분석한 기사를 바탕으로 자신의 의견을 담은 에세이를 작성하도록 도와주세요.
(2) 영자 신문 기사를 하나 선택해서 읽고 분석하거나, 찬성-반대 중 하나의 입장을 정해 토론을 해봅니다. 왜 그렇게 생각하는지 물어보세요.

3주 빅 시스터 학습법

● **선생님 되어보기**

동생들을 상대로 직접 영어 선생님이 되어보는 수업 방법입니다. 성인이 되기 전에 배려와 책임감을 배울 수 있도록 도와주세요.
리더십 잉글리시 빅 시스터 학습법의 역할놀이는 영어+배려+책임감이란 일석삼조의 효과를 거둘 수 있습니다. 다른 사람을 가르쳐보는 과정을 통해 자기가 모르는 것을 알게 되고, 스스로 미리 공부를 하게 되니까요.

〈엄—영—미 17화 solution〉

아무리 영어 실력이 좋다고 해도, 영어가 시험 점수를 얻기 위한 도구일 뿐 진정 영어를 즐거워하지 않는다면 아무 소용이 없습니다. 영어 점수보다 중요한 것은 내 아이가 지금 영어를 좋아하고 있는가, 하는 것입니다. 지금 내 아이의 성향과 실력을 파악해서 아이가 자라면서 다양한 방식으로 영어와 친해질 수 있도록 해주세요.

초등학교 고학년에
영어 시작하는 아이

20

샤도잉 학습법

● **대상**
- 영어를 유창하게 말하고 싶어하는 아이
- 영어에 적극적이지만 기초가 전혀 없는 아이
- 영어 발음에 대한 개념이 없고, 간단한 문장도 못 읽는 고학년 아이
- 영어에 대한 두려움으로 자신감이 없어진 아이

● **학습 방법**   샤도잉(Shadowing) 학습법

– 샤도잉 학습법은 영어 문장을 듣고 그림자처럼 2초 후에 따라 읽기를 하는 방법입니다. 소리만 흉내 내는 것이 아니라, 2초 동안 의미를 이해하고 내 것으로 소화시킨 다음에 내뱉는 것입니다. 영어 문장에는 음높이가 있고 음악처럼 흐르기 마련인데, 이것을 받아들이는 거죠. 2초간

지체하는 것은 억양, 리듬, 발음 등 소리 의미를 받아들이는 시간을 확보하는 겁니다. "밥 먹어!" 같은 문장도 억양 리듬에 따라 다른 의미를 가지고 있습니다. "잔소리 말고 밥이나 먹어!"가 될 수도 있고, "밥 좀 먹을래?"가 될 수도 있습니다. 뜻을 정확히 몰라도 소리 자체로 의미를 인식할 수 있습니다. 이와 같이 섀도잉 학습법은 철자와 단어를 정확히 몰라도 상황을 이해하게 하는 영어학습법입니다.

− 영어 문장을 듣고, 2~3초 후에 따라하면 문장에 대한 집중력도 좋아지고, 뇌 속에서 문장의 "통" 단위로 기억이 진행됩니다. '통' 문장 느낌 그대로 듣고 이해하고 따라하게 하는 것이죠. 2~3초를 넘어서 5초, 10초가 될수록 뇌의 활동량이 많아지고, 통으로 암기하는 것에 익숙해지게 됩니다. 단순한 따라 하기가 아니라 집중해서 따라하는 방법이니까, 말하자면 '단순 따라 하기'와 '암기'의 중간 방식이라고 말할 수 있습니다.

− 섀도잉 학습법은 표현 위주의 방법입니다. 고학년 아이들이 이 학습법을 채택하면 모르는 단어를 스스로 자연스레 찾게 됩니다. 어휘력에 대한 욕심이 자연스럽게 따라오기 때문이죠. 고학년 아이들에게는 유창한 영어 말하기가 동기가 될 수 있고, 따라서 표현 위주의 학습이 좋습니다.

− 섀도잉 학습법은 listening과 speaking에 도움이 됩니다. 쉬운 문장이라도 '통'으로 듣고 따라하면 단어도 익히고 발음도 좋아질 수 있습니다. 뜻을 몰라도 소리 자체로 의미를 인식하고, 철자와 단어를 몰라도 상황을 이해하는 영어 학습법입니다.

- 중요한 것은 매일 하는 것입니다. 어떤 자극에 대한 뇌의 활성화는 꾸준함이 지속되지 않으면 다시 원점으로 돌아가는 성향이 있습니다. 하루 10분 이상 아이와 시간을 정해서 쉬운 문장을 여러 번 학습하는 것이 좋습니다. 아이가 좋아하는 애니메이션이나 뮤지컬의 장면과 함께 섀도잉 학습법을 시작해보세요.

● **주차별 구체적 Solution**

1주 영어 발음의 리듬 익히기

● **소리 흉내 내기**
영어 문장을 듣고 소리를 그대로 흉내 내봅니다. 이때 문장을 보고 읽는 것보다 소리에 집중해서 듣는 것이 중요합니다. 영어 공포감을 없애고 아이의 발음에 자신감을 심어주는 것이 핵심입니다.

● **영어 애니메이션 섀도잉 학습**
아이들이 좋아하는 애니메이션은 영어공부와 흥미유발에 효과적입니다.

☆ 애니메이션 섀도잉 학습
(1) 영어대사 잘 들어보세요.
(2) 2초 있다가 대사를 따라하세요.
(3) 기다리는 시간을 3초, 5초로 점차 늘려 연습을 합니다. '통' 문장에 대한 집중 및 파악에 도움이 됩니다. 반복학습이 중요함

을 명심해야 합니다.
(4) 아이가 문장을 따라할 때 칭찬을 해주세요. 영어에 주눅 든 아이의 영어 자신감이 커질 수 있습니다.

2주 표현에 맞는 감정표현 병행

● 상황에 맞는 감정 표현 학습

감정을 싣게 되면 쓰이는 상황도 함께 기억하기 쉽지요. 몸을 사용하고 감정을 표현하면서 체득되는 영어를 연습해봅니다.

☆ 풍부한 감정 표현

"Don't cry!"라는 문장을 각각 다른 상황에서 말해봅시다. 엄마가 슬퍼할 때 울지 말라고 달래는 "Don't cry!" 아이를 혼낼 때 울지 말라고 말하는 "Don't cry!" 의지를 다질 때 나 자신에게 울지 말라고 말하는 "Don't cry!" 등, 다양한 감정의 Don't cry!를 말해보도록 하세요.

● 영어 관용구 외우기

영어 DVD나 애니메이션에 나오는 관용구를 암기해 봅니다. Once upon a time, all of a sudden, it so happens that ~ 등이 어떻게 쓰이는지 배우면서, 문장 표현(작문)에 대한 이해도가 높아지게 됩니다.

3주 단어의 개별 반응 섀도잉

● 단어 발음 섀도잉

문장 전체를 벗어나 각각의 단어에 대한 개별 발음 섀도잉으로 발음 교정을 해봅니다. 잘 안 되는 발음은 원어민에게 교정을 받거나, 학습 CD를 통해 고칩니다. 또 단어카드를 보고 개별 발음을 배워보도록 합니다.

'Milk'는 '밀크'가 아니라 사실은 '미어크'에 가깝습니다. 콩글리시로 표기하고 읽던 단어를 벗어나 원어민 발음은 어떤지를 단어 섀도잉 학습으로 배웁니다.

〈엄-영-미 11화 solution〉

영어 때문에 꿈을 포기해서는 안 됩니다. 영어 때문에 아이의 꿈이 발목 잡힌다는 건 말도 안 됩니다. 영어는 장애물이 아닙니다. 영어는 꿈을 이루기 위한 동반자이자 개인기입니다. 꿈꾸지 않는 사람에게는 아무 일도 일어나지 않습니다. 꿈꾸는 동안은 서툴고 낯설고 불편한 일투성이겠지만, 한걸음씩 내딛다보면 나는 또 누군가의 꿈이 되어 있을 것입니다.

> 뒤풀이

 영어 놀이의 원칙

1. 아이가 좋아하는 놀이를 하자!

아이들이 하는 놀이 중에는 우리아이에게 잘 맞는 놀이가 있습니다. 또 아이들이 자라면서 좋아하게 되는 놀이도 바뀌게 됩니다. 그 때마다 아이와 차근차근 맞는 것을 찾아가며 아이의 수준과 취향에 맞춰주는 것이 중요합니다.

2. 하루 30분만이라도 영어로 놀자!

하루 종일 영어로만 놀아주어야 한다는 강박관념에 시달릴 필요는 없습니다. 아이의 영어실력에 대한 부담감 때문에 제대로 된 놀이가 될 수 없습니다. 언어란 하루 이틀의 노력으로 성과를 볼 수 있는 것이 아니기 때문에, 큰 욕심을 부리지 말고 하루 30분 이상 꾸준히 같이 논다는 생각을 가지세요.

3. 놀이 중 영어로 할 수 있는 부분만 하자!

놀이 과정 전체를 영어로 해야 한다는 부담감을 가진다면 아예 시작할 엄두조차 내기 어렵죠. 대부분의 대화는 우리말로 하되 중요한 몇 군데, 한두 문장 정도만 영어로 한다면 그걸로 충분합니다. 아이는 몇 마디의 즐거운 대화와 웃음을 간직할 것입니다. 부모의 능력이 되는 한도에서 최선을 다해 놀아주시면 됩니다.

4. 아이와 같이 놀이를 즐기자!

가장 중요한 것은 놀이 자체의 목적인 '즐거움' 입니다. 영어라는 것 때문에 스트레스를 받는 순간 놀이 본연의 목적을 잃게 됩니다. 아이가 즐거움을 누릴 수 있도록 부모 자신도 영어 놀이를 즐기는 마음을 가져야 합니다.

5. 아이가 배운 것을 확인하려들지 말자!

놀이는 놀이여야 합니다. 놀이가 끝난 후 시험 치듯 확인하려는 것은 바람직하지 않습니다. 유아 영어에서 중요한 것은 그 결과를 확인하지 않는 것입니다. 확인하려드는 부모의 태도는 영어놀이의 기억을 학습으로 여기도록 만듭니다.

6. 자신감을 가지고 영어로 말하자!

부모가 해주는 영어 놀이에서 중요한 것은 부모 자신이 먼저 영어에 자신감을 가지는 것입니다. 실력이 부족하더라도, 책에 나오는 예문들을 자신 있게 말하면 아이들도 적극적이고 자연스럽게 받아들입니다.

> 뒤풀이

 연령별 영어 교육 방법

● 이 시기의 특징

　두 돌이 지나면, 아이들은 어른들의 말을 알아듣고 어느 정도 의사를 표현하기 시작합니다. 이 시기의 아이들은 마치 스폰지와 같아서 주어지는 모든 것을 그대로 다 흡수합니다. 언어로 의사를 표현하는 능력도 거의 봇물처럼 터져서 "왜?" "이것 뭐지?" 등의 질문들을 엄마가 귀찮을 정도로 합니다. 또한 책을 빨거나 찢거나 하는 시기를 어느 정도 지난 때이므로, 팝업 북, 플랩북과 같은 입체도서를 보여주면서 자연스럽게 책에 대한 관심을 유발시키는 것이 좋습니다.

● 영어 교육 접근법

(1) 놀이로 접근하기

　이 시기에 영어를 처음 접하는 아이들은 거부 반응을 나타내기도 합니다. 어느 정도 모국어의 듣기와 말하기 틀이 잡혀 있는 시기이기 때문에, 일찍이 접해보지 못한 새로운 언어에 대한 거부감이 형성될 수 있기 때문입니다. 또 이 시기 아이들은 영어의 필요성을 전혀 느끼지 못해 영어를 하기 싫어할 수도 있으니, 강압적인 접근이 아니라 놀이로서 접근하여 아이들의 저항을 줄이는 것이 좋습니다.

(2) 흥미롭게 접근하기

　한두 가지 유행하는 학습법에 연연하지 말고 총체적으로 접근해봅시다. 조금이라도 부담이 되어서는 안 되며, 학습을 한다는 느낌을 가지게 해서도 안 됩니다. 그러므로 유치원 혹은 초등학생 수업을 위해 만든 교재는 피하는 것이 좋으며, 자연스레 문화를 접하게 한다는 생각으로 작품성 위주의 선정을 해보세요. 또 오디오나 책, 비디오 등 한두 가지에 치우칠 것이 아니라 같은 내용이라도 골고루 접하게 하는 것이 좋습니다.

(1) 오디오 학습	• 모국어와 다른 영어의 특성을 제대로 이해하기 위해 꾸준한 노출을 통한 listening 연습이 필요합니다. 완벽한 원어민 발음이 들어있는 영어 대화, 동화 읽기가 들어있는 오디오, 비디오를 활용해서 발음, 액센트, 억양, 리듬에 익숙하도록 만들어주는 것이 좋습니다. • 영어 동요 오디오 활용 : 많이 들려준 후 율동과 함께 흥미를 가지게 만들고 따라 부르도록 이끌어줍니다. 또 관련된 그림책이나 놀이, 만들기 등 다양한 활동으로 의미를 이해시키는 후속 놀이를 해준다면 더욱 효과적인 영어 교육이 됩니다. • 영어 그림책 오디오 활용 : 처음 시작할 때는 멜로디와 함께 노래로 읽어주는 작품을 접하다보면, 의미 이해에 도움을 얻게 되고 영어에 대한 거부감도 줄일 수 있습니다. 그렇게 영어책 읽기에 재미를 붙이고 난 후에, 자연스러운 reading으로 이루어진 오디오북을 접하도록 바꿔주는 게 좋습니다. 또 자기 전에 책을 읽어주는 것도 좋습니다. 어릴 적부터 형성된 잠자리 이야기(bedtime story) 습관은 책을 좋아하는 아이로 키울 뿐 아니라, 평생 지속될 부모와의 추억이 될 수 있습니다.
(2) 비디오, DVD, 시디롬 학습	조금씩 비디오, DVD를 통한 학습을 시작해도 좋습니다. 단, 하루에 30분~1시간을 넘지 않도록 합시다. 지나친 시청은 비디오 중독의 원인이 될 수 있으므로, 아이 혼자 비디오를 보도록 방치하지 말고 엄마가 설명해주는 시간을 가지는 게 좋고, 율동이나 노래도 같이 따라 해보면서 '움직이는 그림책'처럼 활용해보세요. 처음 선택하는 비디오는 너무 화려하고 신나는 것보다 잔잔한 스토리를 담은 것으로 시작해서, 비디오 감상의 바른 습관을 길러주는 것이 필요합니다. 시디롬 역시 약간의 오락과 학습효과가 적절히 조화를 이루는 것을 선택합시다. 또 좋은 사이트를 찾아 아이와 함께 온라인 게임을 즐기거나, 온라인 동화를 읽는 것도 좋은 방법이 될 수 있습니다.

	• 연극배우가 되어주세요. 부모가 손짓 발짓 섞어가며 목소리도 바꾸고 표정도 리얼하게 만들면서 열심히 읽어줄수록, 아이는 점점 더 책에 빠져들겠지요. 영어가 낯선 아이라도 부모가 어떻게 읽어주느냐에 따라 호기심을 보이는 정도가 달라집니다.
	• 아이와 그림책을 읽기 전에 겉표지부터 꼼꼼히 살피세요. 아이들에게 책에 대한 호기심을 가지게 하고 동화책 내용을 추측할 수 있도록 도와주거든요. 이 과정은 아이들의 그림책 읽기에 가장 중요한 단계가 될 수 있습니다.
	• 그림을 음미할 수 있는 시간 : 책이 아니라 그림책임을 잊으면 안 됩니다. 문장만 읽고 책장을 넘기지 말고 그림에도 많은 신경을 써야 해요. 그러면서 한마디라도 더 이야기를 하나누세요. 그림찾기 놀이를 해도 되고, 그림에 대한 이야기를 나누어도 좋습니다.
(3) 그림책 읽어주기	• 아이가 질문을 하면 : 읽는 걸 멈추고 답해주세요. 책은 아이의 생각을 더 많이 알 수 있는 수단이기도 합니다. 또한 아이 생각의 폭을 넓혀줄 수 있는 수단도 됩니다. 아이가 책을 읽다가 물어보면, "집중해서 책을 봐!" "몰라" 하면서 계속 읽지만 말고, 질문에 충분히 대답해주세요.
	• 책 내용과 아이의 생활을 연결 : 우리 실생활과 연결시켜서 책을 읽으면 흥미가 더 높아집니다. 책에서 읽었던 내용과 비슷한 상황이 생기면 그냥 넘어가지 말고 그 문장을 말해주세요. 아이도 어느 순간부터 책속에서 봤던 문장을 실생활 속에 사용하게 될 것입니다.
	• 책 문장에 연연하지 마세요 : 그림책을 읽어줄 때 너무 책 문장 그대로 읽어주려고 하지 않아도 됩니다. 아이의 수준에 맞추어 엄마가 바꾸어 읽어도 좋아요. 문장이 너무 어렵다면 그림 위주로 설명하듯이 읽어줘도 되니까, 꼭 그 책에 나오는 글을 처음부터 끝까지 읽어주어야 한다는 강박관념을 버립시다.
	• 책을 다 읽고 나서 많은 놀이를 : 자동차 책을 읽었다면, 자동차 놀이를, 바다와 관련된 책을 읽었다면 물놀이를! 물론 책에서 읽었던 문장을 말해주면 더욱 좋습니다. 이러한 놀이는 부모가 조금만 생각 하면 무궁무진하게 나올 수 있습니다.
(4) 생활 속 영어	아직 충분히 받아들일 준비가 되어있지 않은 아이에게 학습법을 사용하는 것은 안 됩니다. 이 시기의 아이들은 학습보다는 자연스러운 놀이나 읽기 방법으로 영어에 익숙해지도록 하는 것이 좋습니다.

5~7세

● 이 시기의 특징

이 시기의 아이들은 어린이집이나 유치원의 단체생활을 통해 남을 배려하는 마음과 사회성을 터득하고 생활의 규칙을 배우게 됩니다. 또한 소근육의 발달로 난이도 높은 신체활동을 즐길 수 있게 되죠. 따라서 여러 가지 만들기, 미술활동, 체육활동을 즐겁게 할 수 있는 때이며, 또 쓰기 학습을 시작하는 시기입니다. 처음부터 글자를 쓰게 하는 것보다, 그림을 그리는 것처럼 글자를 따라 그려보는 수준으로 쓰기 교육을 시작하세요.

쓰기 뿐 아니라 문자나 기호에 대해 높은 관심을 보이기 때문에, 읽기 학습을 시작하기에도 좋은 연령입니다. 그림 중심의 교재에서 벗어나 글의 내용으로 관심을 전환할 수 있도록 약간 문장이 긴 것을 선택하고, 파닉스를 염두에 둔 책도 접하게 해줌으로써 reading 실력의 기초를 닦아줍시다.

이 때 엄마는 무엇보다 "너도 할 수 있다!"는 자신감과 신뢰감을 주어야 합니다. 부모들은 내 아이가 다른 아이들보다 뛰어나기를 바라는 마음에, 주위 아이들과 비교하고 조바심을 내게 되는데 이런 태도는 아이의 자신감을 상실시키고, 학습 의욕을 떨어뜨리게 되니 주의해야 합니다.

● 영어교육 접근법

이 연령은 부모가 의도적으로 영어환경에 노출시킨다 하더라도 아이와 협의 하에 하지 않으면 부작용이 오는 때입니다. 아이들이 영어를 놀

> 뒤풀이

이나 생활이 아닌 학습으로 받아들이게 되기 때문에 영어를 갑자기 싫어하게 되는 아이들도 생기는 때이죠. 비영어권 국가에 살고 있고 하루 90% 이상 우리말 환경에 노출되어 있는 상황에서, 아이들은 우리말로 말하고 듣는 것을 편하게 느끼고, 영어는 자기네 생활공간에서 불필요한 것으로 인식하기 쉽습니다.

즉, 여태껏 잘 보던 영어 비디오를 팽개치고 한글로 더빙된 짱구나 탑 블레이드 같은 비디오에 열광하기 시작하는 거죠. 이런 시기일수록 효과적인 학습 방법으로 영어 교육을 시키는 것이 필요합니다.

(1) 시디롬 학습	아이 스스로 학습하려는 욕구가 생기는 시기이니, 그런 욕구에 어울리는 학습 방법으로 접근합니다. 시디롬을 통한 학습은 아이 혼자 주체적인 학습을 할 수 있고, 영어뿐 아니라 그 시기에 익혀야 할 다른 과목도 함께 익힐 수 있다는 장점이 있습니다. 단 컴퓨터 앞에 너무 오랫동안 있지 않도록 신경을 쓰고, 학습이 한쪽으로 편중되지 않도록 체크하면서 아이가 다양한 영역의 학습을 할 수 있도록 지도해야 합니다.
(2) 오디오 학습	이 시기의 아이들은 역동적이고 에너지가 많습니다. 따라서 오디오를 들으면서 가만히 앉아 학습하도록 하지 말고 에너지를 발산하도록 해 주세요. 같이 노래 부르고 율동하는 등의 활동을 하는 것이 좋습니다. 재미있는 말투나 웃기는 말을 좋아하는 시기이므로 말 놀이 식으로 chant와 rhyme을 가르쳐보는 것도 흥미만점입니다. 오디오 학습은 발음 면에서나 학습이란 면에서도 효과가 좋습니다. 차로 이동하면서 노래 부르기, 배경음악처럼 노래 틀어주기 등 생활화하여 접하게 함으로써 자연스런 듣기 습관을 배양합시다.
(3) 비디오 학습	이 시기의 아이가 비디오를 볼 때 엄마는 수다쟁이가 되어야 합니다. 아이가 화면에 집중하던 시기를 벗어나 스토리 속에서 일어나고 있는 상황에 궁금증을 갖게 되기 때문이죠. 아이가 영어 비디오에 거부감을 갖는다면, 엄마가 비디오의 내용을 충분히 이해하여 즐길 수 있도록 영어 혹은 한국어로 설명을 해주는 것도 한 방법입니다. 아이가 좋아하는 비디오 속 상황을 영어 대화로 꾸며서, 생활 속에서 활용해보는 등의 적극적인 시청 방법을 시도해보세요. 아이들이 흥미를 잃지 않고 비디오를 즐길 수 있도록 하는 것이 이 시기에는 필요합니다.
(4) 동화책 학습	아이가 영어 동화책을 보려 한다면, 영어에 대한 관심이 많아지고 있다는 증거! 이 시기부터는 동화책과 함께 아이들이 쉽게 읽을 수 있고 문형이 반복되는 reading용 책을 병행해서 보여줘도 좋습니다. 아이는 쉬운 reading용 책을 보면서 문자에 대한 감각을 익힐 수 있게 됩니다.
(5) 생활영어	3~4세부터 생활영어를 써왔다면 말하는 것에 주저함이 없을 것입니다. 그러나 아이와 함께 생활영어를 이용해오지 않았고 엄마도 영어로 말하기에 익숙하지 않다면, 영어 거부감이 들지 않도록 놀이로 즐기면서 생활영어를 배우도록 합시다. 시장놀이, 병원놀이, 엄마놀이 등을 하면서 영어로 대화를 유도하고 기본 문형을 반복해준다면, 아이들에게 많은 도움이 될 수 있습니다.

"쑥쑥닷컴" 참고

자, 좋은 solution을 찾았으니 이제 내 아이에게 그대로 적용하면 되는 것일까요? 글쎄요, 아무리 누군가 탁월한 효과를 본 영어 교육법이라 하더라도, 우리아이에게 그대로 적용하는 것은 바람직하지 않습니다. 왜냐구요? '우리아이'는 이 세상에 딱 한 명뿐이기 때문이죠.

영어 교육은 '숲'이 아니라, '나무'에 집중해야 합니다. 즉, 아이 하나하나가 특성이 있는 나무 한 그루라는 얘기죠. 내 아이의 특성과 아이가 처한 상황을 알아야 돈 안 들이고도 영어를 잘 할 수 있는 비법이 보이게 됩니다. 내 아이를 가장 잘 아는 사람은 엄마죠. 이 세상 모든 엄마가 아이에게 하는 영어 교육은 맞춤형 교육이 될 수 있습니다. 왜냐하면 아이의 특성과 상황을 이 세상에서 가장 잘 알고 있는 사람은 바로 엄마이기 때문입니다. 하지만, 특성을 안다는 자체가 그리 간단한 일은 아니며, 그것이 이루어져야 비로소 아이의 특성에 맞는 안성맞춤 영어 교육 방법도 찾을 수 있습니다.

Part 3에서는 내 아이의 상황에 맞는 영어 교육을 찾기 위해 고려해야 하는 성별, 성격, 흥미, 강점 등의 사항들을 살펴보고, Q&A 형식을 통해서 그에 따른 영어 교육 정보들을 알아보려고 합니다.

특별한 아이가 아닌 우리 옆집, 윗집에 사는 평범한 아이들의 영어 교육에 관한 질문과 답변을 통해 '우리아이'만의 맞춤형 solution을 찾아보세요.

Part 3

>> 도와주세요, 영어 119
5~11살을 위한 안성맞춤 solution

내 아이 영어,
연령에 따라 어떤 방법으로?

Q-1

> **Q** 초등학교 저학년 아이인데, 영어를 익히는 데는 듣기와 읽기가 좋다고 해서 계속 CD를 들려주고, 동화를 읽게 하고 있어요. 취학 전, 초등학교 저학년, 그리고 고학년이 되면 각각 어떤 다른 방법을 사용할지 막연해요.

❶ 영어 공부 : 습득이냐? 아니면 학습이냐?

언어학자 스티븐 크래션(Stephen Krashen)은 외국어 교육에 두 가지 방법이 있다고 주장합니다. 자연스러운 환경에서 무의식적으로 이루어지는 습득의 방법과, 주로 교실과 같은 언어 환경에서 의식적으로 이루어지는 학습이라는 방법이 그것입니다.

습득과 학습의 가장 큰 차이는 그 과정에 있습니다. 습득은 모국어를 체득하는 것과 유사하게 언어의 형식보다는 의미에 초점을 맞추어 외국어를 사용하는 가운데 자연스럽게 이루어지는 배움이고, 학습이란 언어의 의미보다는 형식에 초점을 두고 문법을 암기하는 등의 의식적인 과정으로 이루어지는 공부입니다.

어린아이들은 모국어를 배울 때 언어를 배우고 있다는 사실을 전혀 의식하지 않고 터득하여 의사소통을 하게 되는데 이런 과정은 바로 습득이라고 할 수 있습니다. 아이들의 발달 단계에 따라 습득과 학습의 원리를 잘 활용한다면 효과를 극대화할 수 있을 것입니다.

❷ 7~11세 때는 습득의 방법을!

많은 언어학자들은 사춘기 정도의 연령이 지나면 외국어를 모국어처럼 배우는 것이 불가능하다고 말합니다. 따라서 초등학교 저학년 때는 외국어를 모국어처럼 생각하고 표현하는 '습득(Acquisition)'에 의한 방법이 효과적이라고 할 수 있습니다.

비영어권에서의 습득을 위해 무엇보다 중요한 것은, 영어 소리에 충분하게 노출될 수 있는 환경을 만들어 영어 습득을 가능하게 해주는 겁니다. 그래야만 아이들이 영어의 바다에 빠져 영어를 자연스럽게 받아들일 수 있습니다.

그런데 이때 우리나라 엄마들이 많이 저지르는 실수가 있습니다. 엄마 딴에는 아이가 자연스럽게 영어에 많이 접하게 만들겠노라고, 하루 종일 영어 CD를 들려주고 애써 영어로만 말하는 전략이 바로 그것입니다. 이런 상황이 아이들에게 자연스러운 것인지, 아니면 강요가 섞인 교육으로 느껴지는지 잘 생각해 보세요.

아이들은 선천적으로 타고나는 언어습득장치(LAD) 덕택에, 특별한 훈련 없이도 스스로 언어의 규칙을 찾아내고 연습하고 습득하는 것이 가능하다고 합니다. 따라서 아이들에게는 적절한 경험과 놀이를 통해 언어를 자연스럽게 습득하도록 하는 것이 좋습니다.

초등학생의 연령이 되면 자연스러운 영어 습득을 위해서 언어 능력 뿐만 아니라 인지 능력을 고려한 학습 프로그램이 필요하다고 합니다. 사회, 과학, 과학실험, 창의력 수학, 예술 등과 같은 다양한 프로그램을 이용해 아이들이 자연스럽게 영어와 친해지도록 해주는 것이 중요합니다.

언어습득장치(LAD: language acquisition device)

"인간은 태어날 때 언어를 학습할 수 있는 능력인 언어습득장치를 가지고 태어난다." 저명한 언어학자 촘스키(Chomsky)가 했던 말입니다. 아이한테 어떠한 언어가 입력되어도 LAD에 의해 자동 처리되어 언어를 생산해내기 때문에 의식하지 못하는 사이에 자연적으로 언어가 습득된다는 얘기죠.

LAD는 5~6세에 가장 왕성하고 사춘기 무렵인 13~14세부터 쇠퇴한다고 하며, 언어 습득에 결정적인 시기는 바로 이 LAD 작용 기간이라고 합니다. 단, 촘스키의 결정적 시기 가설은 모국어 습득의 경우입니다.

❸ 11~13세 때는 상황에 따라 습득-학습 선택

많은 언어학자들의 연구 결과, 7~11세까지의 영어 교육은 습득의 과정을 거치는 것이 좋고, 그 후엔 학습을 통해 언어 능력을 향상시키는 것이 바람직하다고 알려져 있습니다.

자녀가 11세~13세가 되었을 무렵 학부모는 자녀의 성격과 발달 상황 등을 적절히 고려해서, '습득' 과정을 연장할 것인지 혹은 '학습' 과정을 앞당길 것인지를 판단하는 것이 좋습니다.

예컨대 자녀를 외국으로 유학 보내기를 원할 경우에는 습득의 과정을 유지하는 것이, 반대로 국내에서의 입시를 준비시킬 경우라면 학습으로서의 교육을 본격적으로 제공하는 것이 적절할 수 있습니다.

중학생 정도의 연령이 되면 영어 교육은 학습의 방법을 사용하는 것이 좋습니다. 학습은 교실 수업을 통해 문법, 독해 등의 언어능력이 연마되고 향상되는 것입니다.

연령별 영어 교육에서 고려할 사항 :

- 취학 전 영어는 놀이로 접근합니다.
- 6세는 배우는 것에 감정이 생기는 나이입니다. 아이의 평생 학습이 달린 영어와의 첫 만남이니, 영어에 재미를 느끼도록 도와주세요. 영어에 재미를 붙여야 할 나이에 늘 잘하지 못한다는 평가나 테스트 당한다는 압박을 받으면, 영어와 친구가 될 수 없습니다.
- 7세엔 규칙적인 훈련으로 영어가 하나의 습관이 되도록 엄마가 도움을 주세요.
- 8살, 영어 표현력에 신경을 써주세요.
- 8살 이상 아이들은 발달 상태에 따라 아이가 스스로 꿈과 목

표 계획을 잡게 해주세요.

- 초등학교 1~2학년 아이들은 학습에 대한 동기가 처음 생기는 나이이므로, 이를 잘 활용하면 좋습니다. 더 이상 엄마의 말을 마냥 따르는 나이가 아니라, 자신의 주체적인 생각을 서서히 갖게 됩니다.
- 10살 이전에 영어 학습에 대한 관심을 유발시켜주어야 합니다. 교육학에서 말하는 흥미는 곧 관심입니다. 그래야 영어에 흥미를 가지게 됩니다.
- 초등학교 4학년 시기는 꿈과 자신감이 필요한 때입니다. 아이가 좋아하는 과목과 결합된 영어 공부 방법을 사용하여, 영어에 대한 흥미와 자신감을 키워주세요.

아기 때부터 하루 종일 영어에 노출되면 이중 언어 사용자가 될 수 있을까요?

Q-2

> **Q** 영어를 어릴 때부터 계속 듣게 해주면 영어를 잘할 거 같아, 항상 영어를 들려주고, 엄마인 저도 영어로만 아이에게 말을 합니다. 이렇게 하면 아이는 정말 '이중 언어 사용자(bi-lingual)'가 될 수 있을까요?

❶ 우리나라는 EFL 환경!

　EFL은 English as a Foreign Language의 줄임말로서, 영어가 하나의 '외국어'로 쓰이는 환경을 말합니다. 즉 우리나라와 같은 환경이 EFL인 셈이죠. 반면에 ESL은 English as a Secondary Language, 즉, 영어를 '제2의 언어'로 쓰는 환경을 말합니다. 국민의 80% 이상이 영어를 두 번째 국어로 사용하는 네덜란드나 핀란드, 싱가포르가 바로 그런 경우입니다.

일상생활에서 영어를 제2의 언어로 사용할 수 있는 ESL 환경과는 달리, 한국에서는 영어가 (아무리 중요하다고 해도) 오직 외국어로 받아들여지고 있습니다. 배워도 사용할 기회가 드물고, 배우는 영어가 현지 영어와 달리 오류와 왜곡이 많을 수 있다는 뜻입니다.

ESL과 EFL 환경은 사람들이 영어에 노출되는 수준에 있어서 엄청난 차이가 있습니다. 영어를 배운 아이들이 밖에 나가서 바로 영어를 쓸 수 있는 기회를 얻느냐의 문제입니다. 한국에서는 아무리 열심히 영어 공부를 한다고 해도, 이를 자연스럽게 사용할 수 있는 환경을 늘 경험하는 것은 불가능합니다.

❷ 방법의 차이, 인정하세요.

우리가 한국어를 '저절로 익히는 (습득하는) 것'은 그것이 모국어이기 때문입니다. 그러나 영어를 익히는 건 '배우는 (학습하는)' 것이지, 생활에서 저절로 익히거나 습득되는 게 아닙니다. 그래서 모국어는 습득하는 거라고 하며, 외국어는 배우는 거라고 말하죠. 제2의 언어는 그 중간 정도라고 할 수 있겠습니다. 배울 수도 있고 함께 어울리며 체득(experience)할 수도 있으니까요.

ESL과 EFL이라는 환경의 차이가 있기 때문에, 당연히 EFL 환경을 살아가는 우리아이들에게 ESL식 교육방법을 사용해서는 안 될 것입니다.

❸ EFL환경에서는 동기가 중요해요.

물론 집에서 영어만을 사용하고, 아이가 영어유치원에서 하루 종일 영어를 하거나 외국인 학교를 다닌다면, 아이가 영어를 제2의 언어로 받아들일 수도 있습니다. 그러나 아이가 앞으로도 계속해서 이런 환경을 만나게 되는 것이 아니라, 한국 중학교나 고등학교를 다니게 된다면 결국 아이는 영어를 외국어로 접할 수밖에 없게 될 것입니다.

따라서 영어를 외국어로 사용하는 한국에서는 그에 맞는 영어 교육 방법을 사용하는 것이 옳습니다. EFL 환경에서는 영어 공부를 해야 하는 동기부여가 중요합니다. 아이가 흥미를 가지고 영어 공부를 즐겁게 꾸준히 할 수 있는 방법을 찾아주는 것이 중요합니다.

국내에서도 이중 언어 사용자가 될 수 있어요.

분당에 사는 6학년 쌍둥이 자매 현수와 지수는 초등학교 2학년 때 홈스쿨링을 시작했답니다. 아이들이 좋아하는 장르의 만화, 영화, 드라마를 통해 지금은 수준급 영어 말하기 실력을 가지고 있답니다. 중간에 아이들이 힘들어하면 두 달씩 쉬면서 여유를 가지고 공부했고, 점점 조금씩 시간을 늘려가면서 공부했어요.

이렇게 영어에 흥미를 느끼면서 문법, 독해 등에도 관심을 보이게 되어, 지금은 이중 언어 사용자(bi-lingual) 수준에 이르렀답니다.

초등학교 고학년 영어 시작, 너무 늦었나?

Q-3

> **Q** 영어 숫자, 요일 같은 기본적인 단어도 모르는 초등학교 4학년 아이입니다. 기본기는 없는데 아이가 영어로 너무 말하고 싶어 해서 영어 DVD를 보며 문장을 한두 개씩 외우고 있습니다. 너무 늦어버린 영어, 지금이라도 잘 할 수 있을까요?

❶ 아이 영어 교육, 늦었다는 불안감은 불필요

언제 영어를 시작하는가는 중요하지 않습니다. 중요한 것은 영어공부를 언제 시작하는가 하는 것이 아니라, 왜 영어공부를 해야 하는지 느끼고 있느냐는 것입니다.

영어를 잘하고 싶다는 동기 부여가 된 아이들은 언제라도 영어 신동이 될 수 있습니다. 초등학교 고학년 아이들은 영어로 말을 잘하고 싶다는 것이 동기가 될 수 있습니다. 그러기 위해서는 자신의 입에서 나오는 소리가 그럴듯한 소리라는 자부심이 생길 수 있도록, 아이의 발음에 자신감을 심어주는 연습이 중요합니다.

❷ 많이 읽고 듣고 보는 건 스피킹의 기본. 고학년 영어는 시간 투자가 필요해요.

'영어로 말하고 싶다'고 생각하는 아이는, 영어공부를 해야 하는 이유가 있는 아이입니다. 지금의 영어 실력에 대해 정확한 수준을 파악을 하고, 아이의 레블에 대한 겸손한 인정이 먼저 필요합니다.

매일 영어공부 할 시간을 반드시 확보하세요. 투자도 안 하면서 바라기만 하면 안 됩니다. 기본 학습 없이는 절대 회화가 될 수 없습니다. 하루 한두 문장을 말하는 데 중점을 두지 말고, 처음에는 시간을 투자해서 많이 읽고, 듣고, 보도록 하세요. 수준에 맞는 영어 동화를 매일 꾸준히 읽고 쓰고 듣고 따라하도록 하세요.

영어에 욕심이 납니까? 그렇다면 시간을 투자하고 방법을 열심히 찾아야 합니다. 배운 것을 복습할 수 있는 영어 공부시간도 충분해야 합니다.

❸ 무작정 문장을 외우지 말고 감정을 기억해야

문장을 한두 개 외우는 영어 공부법은 영어실력을 늘이는 데 아무 소용이 없습니다. 마찬가지로 주인공들이 하는 말이 무슨 뜻인지도 모르면서 DVD의 대사를 외우는 건 아무 의미도 없고 머릿속에 남지도 않습니다.

　일정한 시간을 갖고 순서에 따라 체계적으로 영어를 하지 않고, 필요 상황에 따라 다급하게 영어 공부를 하는 것은 옳지 않습니다. 영어는 암기과목과는 달리 벼락치기가 안 통하는 과목입니다. 매일 조금씩 학습량을 정해놓고 꾸준히 하는 것이 최고입니다.

❹ 감정으로 상황을, 상황으로 문장을 기억하자.

　상상하기! 표현하기! 느끼기! 그런 것들을 염두에 두면서 영어를 공부하면 영어를 멋지게 말할 수 있습니다. 감정으로 상황을 기억하고 상황으로 문장을 기억해보세요.

　"영어는 학습이 아니라 자기가 하고픈 말을 하는 것이다." 그렇게만 생각하면 하나도 어렵지 않습니다. 멋진 발음을 하겠노라고 세련되게 혀를 굴리려고만 애쓸 게 아니라, 말하는 캐릭터와 상황을 이해하고 감정 몰입을 한다면, 자기가 하고 싶은 말이 되는 것임을 기억해야 합니다.

　영어 발음만 좋아지는 도둑 학습법은 없습니다. 쉬운 문장이라도 통으로 습득하면 저절로 단어도 익히게 되고, 발음도 좋아지게 됩니다. 영어도 연기처럼 상상하고 느끼고 표현하도록 해주세요.

딸이랑 똑같이 영어를 가르치는데
아들은 왜 이렇게 못하는 걸까?

Q-4

> **Q** 우리 아들은 한자 5급에다, 독서 퀴즈, 글짓기 등 다방면에서 상장을 받을 만큼 똑똑한 아이에요. 그런데, 영어 공부를 하라고만 하면 몸을 비비꼬고 하품을 한답니다. 영어를 잘하는 누나가 했던 방식대로 영어 공부를 시키고 있는데도, 누나에 비해 영어를 잘하지 못하는 이유는 무엇일까요? "영어가 똥보다 싫어요!" "영어는 여자가 하는 공부잖아!" 그렇게 툴툴대며 해보려는 노력조차 없어요. 어떻게 하면 우리 아들, 딸처럼 영어를 잘 할 수 있을까요?

❶ 남자아이와 여자아이는 달라요.

남녀의 차이를 연구한 레너드 색스 박사는 어릴 때부터 남자-여자의 차이가 분명하게 나타난다고 말했습니다.

다섯 살짜리 남자아이들은 글자를 쓰는 데 필요한 소근육이 발달하지 않았습니다. 소근육 운동을 책임지는 뇌 부위의 발달이 여자아이보다 늦다는 뜻이지요. 따라서 유치원에서 연필과 종이를 가지고 읽고 쓰기를 연습하는 것은, 여자아이들에게만 잘 소화해 낼 수 있는 과정입니다. 5살 아들은 3살짜리 딸과 같은 언어지능을 보이기 때문에 조기교육에서 아들이 딸보다 느린 것을 당연하게 받아들여야 한다는 것입니다.

반면에 공간 기억과 연관된 부위는 남자아이가 4년 정도 빨리 발달한다고 합니다. 그러니, 일방적으로 남자아이들이 여자아이들보다 발달 속도가 느리다고 말하는 것은 지나치게 단순한 판단입니다. 남자아이들은 어느 영역에서는 여자아이보다 발달속도가 더 빠르고, 다른 영역에서는 발달 속도가 느리기도 합니다.

❷ 아들 딸, 차별교육이 필요해요.

한글이나 영어 교육에서 아들과 딸의 발달 차이를 안다면 아들이 느림보라고 고민할 필요가 없습니다. 남자아이에게 언어 교육을 할 때는 '원리'로 설명하는 것이 좋고, 여자아이에게 언어 교육을 할 때는 '감성'적인 접근이 더 효과적이라고 합니다.

남자아이가 영어책을 큰 소리로 읽으려고 하지 않는 것은 몰라서가 아니라 쑥스러워서 그러는 경우도 있으니, 자꾸 혼내면 안 됩니다. 10살인 남자아이는 영어로 또래하고 떠드는 것보다 속으로 의미를 되새기며 공부하는 것을 선호합니다. 반면 10살짜리 여자아이들은 또래와 떠들면서 공부하는 것을 즐깁니다.

남자아이에게는 남자아이용 학습법을 써야 옳지 않겠습니까? 특히 10살 정도 되는 남자아이는 성 역할에 대한 개념이 생겼을 때이므로, 아들로서의 긍지를 살려주고 남자아이가 흥미를 가질 만한 방법으로 접근해주어야 할 것입니다. 또 호기심과 승부욕을 적절하게 자극해주는 것도 좋겠지요. 다만 지나친 비교는 패배감을 안기게 되니까, 아이의 성향과 자질에 따라서 적절하게 사용해야 합니다.

그리고 엄마가 모든 것을 다 아는 척하지 말아야 해요. 아이가 뭘 물어보면 "엄마가 잘 모르겠는데 아들이 좀 가르쳐 줄래?" 하면서 호기심이 학습으로 이어질 수 있게 해주세요.

❸ 남아-여아 발달 특성에 맞춰, 비교는 금물!

취학 전 6~7세 여자아이들은 스피킹 연습으로 자신감을 높이기에 최고의 연령대입니다. 이 시기에 여자아이들은 말수를 늘이는 학습법이 효과적입니다. 7세 여자아이들에게 스피킹 훈련과 모국어 동화 읽기 훈련이 효과적이라는 것을 안다면, 7세 여자아이의 영어 학습법 찾기가 한결 수월할 것입니다.

또한 10살짜리 남자아이는 사내다운 남성성과 자존심을 이미 의식하는 시기입니다. 따라서 누나와 비교하는 것은 금물이고, 누나와 함께 학습도 하지 않는 편이 좋습니다. 남자아이들은 경쟁을 좋아하긴 하지만, 10살 남자아이는 남성성과 자존심이 극대화되는 시기이기 때문에 경쟁을 통한 비교는 금물이라는 것을 명심하세요. 우리아들 최고라는 자신감을 심어주는 것이 중요합니다.

또 10살 남자아이는 영어로 또래 친구들이랑 떠드는 것보다 속으로 의미를 되새기며 공부하는 것을 선호하는 시기입니다. 아이의 발달 특성을 안다면, "말로 해봐!" 식의 수업은 어울리지 않음을 알 수 있겠지요. 자연계나 태양계 등, 아이에게 흥미로운 내용을 통해 지식을 배울 수 있는 영어잡지를 보면서, 아주 짧은 독해 지문地文을 활용하여 공부하게 하는 방법도 좋습니다.

발달 특성이 다르다는 것을 안다면, 비교할 필요도 없음을 쉬이 깨닫게 될 것입니다. 자꾸 누나와 비교당하다보면 경쟁해서 잘해야 되겠다는 생각보다는 열등감이 생길 뿐입니다.

❹ 아들은 기다려주어야 해요.

물론 남자아이는 모두 이렇다, 여자아이는 모두 이렇다, 100% 그렇게 말할 수는 없습니다. 그저 보편적인 남자아이, 여자아이의 성향을 가리키는 것이죠. 모든 아이들은 각자의 개성이 있습니다. 그러나 아이가 독특하고 복잡하다는 사실 때문에 성별이 아동발달에 중요한 원칙이라는 사실을 무시해서는 안 될 것입니다. 중요한 것은 아들과 딸을 비교하는 엄마는 되지 말라는 겁니다. 남자아이의 경우는 조바심을 내지 말고 기다려주는 여유가 필요합니다.

딸과 같은 방법으로 영어 교육을 시키고 있다고 해도, 아들이 느리다고 해서 엄마가 강요식 수업을 하게 되는 것은 아닌지 곰곰이 생각해보세요. 아들이라서 책상 앞에 불러다 앉히기 힘드니 소리 지르고 닦달하게 되는 경향은 없었는지 생각해보세요.

❺ 소질 있는 과목 안에 영어와 친해질 수 있는 해답이

영어 이외에 잘하는 것이 많은 아들이라면 잘하는 것에서 영어와 친해질 수 있는 방법을 찾아보세요. 한자를 좋아하는 아이는 천자문을 정복하듯 단어 외우기에 있어 승부욕이 있을 것입니다. 영어 단어를 외울 때 한자를 이용한 수업방법을 사용해보면 어떨까요?

쌍둥이 자매,
똑같이 가르치는데 웬 실력차이?

Q-5

Q 9살 쌍둥이 자매를 두고 있어요. 같은 유치원, 같은 초등학교, 같은 영어선생님, 같은 교재로 시작했는데, 왜 점점 실력 차이가 생기는 것일까요? 아이들의 교육환경이 똑같은데, 벌어지는 실력을 어떻게 하면 좋죠? 뒤처지는 아이가 점점 스트레스를 받는데 어떻게 해주어야 할까요?

❶ 명심해요, 아이들은 모두 다른 인격체!

쌍둥이라 할지라도 서로 다른 인격체입니다. 쌍둥이라고 해서 같은 옷을 입히고 같은 잣대로 생각하면 안 됩니다. 쌍둥이니깐 같은 교육기관에 보내고 같은 선생님께 수업을 들으면 좋을 것이라는 고정관념을 버리세요.

이것은 쌍둥이가 아니라 연령차가 적은 연년생 형제-자매의 경우도 마찬가지입니다. 형제-자매 간 나이 차이가 많으면 학습에 도움이 되지만, 나이 차가 적거나 쌍둥이 일 때는 지나친 경쟁으로 역효과가 날 수도 있습니다. 아이들 각자가 가지고 있는 재능에 맞춰 영어 학습법을 제고하면 효과가 더욱 클 것입니다. 아이에 맞게 영어선생님도 따로, 배우는 시간대도 틀리게, 교재도 다른 것을 사용하는 것이 효과적일 수 있습니다.

아이의 성격과 흥미를 고려하여 학습법을 선택해야 함을 명심하세요.

아이들의 교육법을 택할 때 유전적인 요소보다 후천적인 성향을 먼저 고려해야 합니다.

절대 첫째 아이 때의 교육방법을 일반화시켜 둘째 아이에게 적용해서는 안 됩니다.

❷ 영어 능력 평가는 상대적이 아니라 절대적

둘 이상의 자녀를 둔 엄마들이 흔히 하는 실수가 뭔지 아세요? 아이들을 한자리에서 가르치고 비교하는 것입니다. 아이 각각의 성향을 존중하면 아이들의 영어 자신감은 높아질 수 있습니다. 하지만, 아이들을 비교하는 순간 아이들은 쓸데없는 경쟁을 하게 되고, 열등감에 빠지게 됩니다.

아이들의 영어 성적은 상대적으로가 아니라, 절대적으로 평가되어야 합니다. 즉, 동생이 기준이 되거나, 언니가 기준이 되어 비교해서는 안 된다는 얘기입니다. 아이들을 비교하지 말고 각자의 개성을 존중하려고 노력해주세요.

❸ 스피킹 뿐 아니라 듣기-읽기-쓰기도 함께 평가!

아이들의 영어실력을 정확하게 파악하기 위해서는 스피킹뿐 아니라 듣기, 읽기, 쓰기도 함께 고려해야 합니다. 소극적인 아이라면 스피킹 점수가 낮을 수도 있습니다. 그러나 그게 전부는 물론 아니겠지요. 그런데도 우리나라에서는 유아들의 영어 실력을 단연 스피킹 위주로 평가하는 경향이 있습니다. 활발한 아이들이 제스처까지 겸비하면서 떠들어대면 훨씬 더 월등해 보일 수 있습니다. 반면 소극적인 아이들은 적극적으로 표현하지 않기 때문에 저평가 받을 수 있다는 것을 기억해두시고, 언어 평가는 언어의 네 가지 영역, 즉, 듣기-말하기-읽기-쓰기까지 고려하여 균형 있게 골고루 평가하고 아이의 강점 분야를 발견해주세요.

❹ 아이 머릿속에 각인될 만한 극적인 칭찬 상황으로 자신감을 회복시켜주세요.

- **'극적인 칭찬 상황' 만들기**
  형제·자매 사이의 비교로 자신감을 잃은 아이들에게 머릿속에 각인될 만큼 극적으로 칭찬을 해주는 상황을 만들어보는 것이 필요합니다. 예컨대 성적이 떨어지는 아이에게 따로 영어 예습을 시킨 다음, 함께 하는 수업에 참여시켜 좋은 성적을 내게 하고, 아이를 두드러지게 칭찬해주는 겁니다.

'나도 할 수 있다'는 자신감이 생기게 해주어야 합니다. 예습은 반칙이 아닙니다. 이럴 경우 아이들은 빠른 시간 안에 자신감을 회복할 수 있습니다.

자신감이 영어 실력 향상의 지름길임을 잊지 말아야 합니다. 자신감이 회복되면 형제·자매는 아주 좋은 학습 파트너가 될 수 있습니다.

● **자신감의 균형 맞춰주기**

아이들이 잘하는 것을 찾아 거기에 자신감을 심어주어야 합니다. 각자의 개성을 충분히 살려주고 존중한 상태에서 영어 교육을 해야 한다는 뜻이죠. "넌 이 분야에서는 최고야!" "이 분야에 관해서는 네가 제일이야!" 형제·자매 사이 자신감의 균형을 맞추어주는 것이 중요합니다.

❺ 형제자매는 훌륭한 파트너이자 경쟁자, 공통분모를 찾아주세요!

쌍둥이나 연령 차이가 적은 형제·자매의 경우, 서로에게 적당히 자극적인 상대이기 때문에 학습 태도와 방법만 제대로 잡아준다면 훌륭한 학습 파트너 역할을 할 수 있습니다. 그러나 둘 중 하나가 특별히 너무 잘하면 다른 한쪽이 보통의 실력을 가지고 있어도 자신은 너무너무 못하는 것처럼 생각해서 일찍 포기해버리는 경우가 생길 수도 있습니다.

사춘기가 되기 전에 열등감으로 인한 격차를 줄여야, 서로에게 대등한 학습 파트너로 발전할 수가 있습니다. "누구는 더 잘한다."가 아니라, 둘이 즐기는 것이 무엇인지 찾아주고 같이 즐기게 해주는 것이 필요한 까닭이죠. 아이들의 공통분모를 찾아주는 것은 엄마의 몫입니다.

소심한 아이, 영어 땜에 병까지 났네!

Q-6

> **Q** 소심하고 잘 우는 아이입니다. 동네에서 유명하다는 주입식 스파르타 영어 학원을 보낸 이후로 아이에게 틱(tic) 증상이 생겼어요. 손톱을 물어뜯어 한 개도 남아있지 않고, 영어 소리만 나오면 눈을 깜박이는 틱 증상을 보입니다. 어떻게 해야 하나요?

❶ 성격을 고려하지 않은 학습방법은 아이를 병들게 할 수 있어요.

소심하고 내성적인 아이들에게 강압적 스파르타 학원은 엄청난 스트레스가 될 수 있고 '틱'과 같은 이상증세까지 보일 수 있습니다. 틱 증상, 영어공포증은 아이의 발달단계를 전혀 고려하지 않고 성격이나 관심사를 무시한 강압적인 주입식 교육이 주된 원인입니다.

•• 틱 장애(tic disorder) 알아두세요.

- **틱이란?**

  아이들이 특별한 이유 없이 자기도 모르게 얼굴이나 목, 몸통, 등을 빠르게 반복적으로 움직이거나 이상한 소리를 내는 질환으로, 아이에게 생긴 스트레스를 해소하는 여러 증상 중 하나로 나타나는 것입니다.
  2005년 서울대 병원의 조사 결과 초등학생 100명 중 5명이 틱 장애를 가지고 있다고 합니다.

- **성격에 따라 틱 증상이 잘 나오는 아이**

  – 완벽을 추구하고 지지 않으려는 성격
  – 어떤 것을 성취하고 잘하려는 욕심이 많은 아이
  뒤쳐지는 영어 실력으로 스트레스를 더 많이 받고, 그러한 상황에서 안 틀리려고 노력하면서 긴장도가 높아지고, 그런 결과로 틱 증상이 나타날 수 있습니다.

- **틱 증상은 ?**

  기침을 하거나 침을 꿀꺽이거나 삼키는 등의 운동 틱과, 욕을 하는 등의 말로 하는 틱이 있는데, 운동 틱보다는 말로 하는 틱이 더 심한 상태라 볼 수 있습니다.

- **치료**

  아주 심한 경우엔 약물치료도 병행되겠지만, 가능한 한 조기에 발견해서 심리적인 긴장도와 스트레스를 해소하는 것이 중요합니다.

❷ 아이 성격에 따라 영어 교육법도 달라져야

아이의 영어 학습법을 선택할 땐, 성별에 따른 학습 방법도 고려해야 하지만, 성격에 따라서도 다른 학습 방법을 사용해야 합니다.

소심한 아이의 영어 교육은 보통 아이들보다 훨씬 까다롭습니다. 소심한 아이들의 경우는 아이의 관심사를 찾는 것이 무엇보다 우선이죠. 반대로 외향적 성격의 아이에게는 듣는 영어보다 말하는 영어 교육법을 선택해야 합니다. 교육법은 아이의 성격과 상황에 맞는 융통성을 가져야 함을 명심하고, 우리아이가 어떤 성격인지 분명하게 파악하는 것이 좋습니다.

영어시간에 입을 꾹 다물고 있는 아이, 영어를 몰라서 그러는 것일까요? 알고는 있는데 혹시나 틀릴까 입을 안 열고 있는 것일까요?

소극적인 성격의 아이들은 스피킹을 못하는 경우가 많습니다. 소극적인 아이들은 표현력 때문에 저평가 받을 수 있음을 알아야 합니다. 소극적인 아이들을 적극적인 아이들이 하는 수업방식으로 이끌어간다면 아이들은 더욱 위축될 수밖에 없습니다.

따라서 아이들의 성격을 알아, 그에 따른 학습법을 사용하는 것이 효율적일 것입니다. 아이를 좀 더 이해하고, 아이와의 관계가 향상되는 데 도움이 됩니다.

❸ 우리아이 성격 유형은?

먼저 우리아이의 성격을 파악한 다음, 적당한 학습법을 계획해보세요.

• • MMTIC(Murphy-Meisgeier Type Indicator for Children)는 이런 검사에요!

> 성인들의 심리를 검사하는 MBTI가 칼 융(Karl Jung)의 심리유형 이론에 바탕을 두고 있듯, MMTIC라는 검사는 1990년에 개발된

> 어린이 및 청소년 성격유형검사입니다. 김정택, 심혜숙 박사에 의해 1993년부터 8~13세 어린이를 대상으로 한국 표준화 작업을 통해 문항이 구성되었습니다.
> 유형별 동점이 나오면 각 척도의 중간인 U-band(Undetermined - Band)라고 말합니다. 아이들은 선호도가 발달 단계에 있으므로, 이러한 아동들은 명백하게 성격을 규정짓지 않는 것이 좋습니다.

* http://www.mbti.co.kr/(한국 MBTI 연구소)에 가면 정식으로 검사 받을 수 있는 곳을 알 수 있습니다.

● 어린이 성격 유형 간이 검사지

문제를 읽고 각 번호에서 왼쪽과 오른쪽 중 자신에게 더 맞는 설명에 ○ 표시를 합니다. ○가 더 많이 표시된 쪽이 자신의 유형입니다.

	E 유형	표시	I 유형	표시
1	여러 친구들과 많이 사귄다.		몇 명의 친구들과 깊이 사귄다.	
2	낯선 곳에 심부름을 갈 수 있다.		낯선 곳에 심부름 가는 게 무섭다.	
3	모임에서 말이 많은 편이다.		누가 물어봐야 비로소 대답한다.	
4	활발하고 적극적이라는 말을 많이 듣는 편이다.		조용하고 차분하다는 말을 많이 듣는 편이다.	
5	내 기분을 즉시 남에게 알린다.		내 기분을 마음속에만 간직하고 있다.	
6	많은 친구들에게 얘기하는 게 더 좋다.		친한 친구들에게 얘기하는 게 더 좋다.	
7	친구들과 함께 공부하면 잘 된다.		나 혼자 공부하면 더 잘 된다.	
8	책 읽는 것보다 사람 만나는 게 더 좋다.		사람 만나는 것보다 책 읽는 게 더 좋다.	
9	글쓰기보다 말하기가 더 좋다.		말하기보다 글쓰기가 더 좋다.	
10	생각이 바로 밖으로 표현된다.		생각에 빠질 때가 자주 있다.	

■ 나의 에너지 방향은? ☐

	S 유형	표시	N 유형	표시
1	구체적이고 정확한 표현을 잘 기억한다.		상상 속의 이야기를 잘 만들어낸다.	
2	주변 사람의 외모나 특징을 잘 기억한다.		물건을 잃어버릴 때가 종종 있다.	
3	꾸준하고 참을성 있다는 말을 듣는다.		창의적이고 독창적이라는 말을 듣는다.	
4	손으로 직접 하는 활동이 좋다.		기발한 질문을 많이 하는 편이다.	
5	그려진 그림에 색칠하는 것이 더 좋다.		직접 선을 긋고 색칠하는 게 더 좋다.	
6	자세한 내용을 잘 암기할 수 있다.		부분보다는 전체의 틀이 잘 보인다.	
7	남들 하는 대로 따라하는 게 편하다.		스스로 나만의 방법을 만드는 게 편하다.	
8	"그게 진짜야" 식의 질문을 한다.		공상 속에 친구가 있기도 한다.	
9	꼼꼼하다는 말을 자주 듣는다.		"하고 싶다, 되고 싶다"는 꿈이 많다.	
10	관찰을 통해 더 잘 배운다.		누구나 하는 일은 재미가 없다.	

■ 나의 인식기능은? ☐

	T 유형	표시	F 유형	표시
1	"왜"라는 질문을 자주 한다.		남의 말을 잘 따르는 편이다.	
2	의지가 강한 편이다.		인정이 많다는 말을 듣는다.	
3	꼬치꼬치 따지기를 잘하는 편이다.		협조적이고 순한 편이다.	
4	참을성이 있다는 말을 듣는 편이다.		어려운 사람을 보면 마음이 안 좋다.	
5	공평한 사람이 되고 싶다.		친절한 사람이 되고 싶다.	
6	야단을 맞아도 울지 않는 편이다.		야단을 맞으면 눈물을 참을 수 없다.	
7	어른이 머리를 쓰다듬으면 어색하다.		어른이 머리를 쓰다듬으면 기분 좋다.	
8	논리적으로 설명을 잘 한다.		이야기에 요점이 없을 때가 있다.	
9	악당이 당하는 장면은 통쾌하다.		악당이지만 그래도 불쌍하다.	
10	결정내리는 일이 어렵지 않다.		양보를 잘 하고 결정 내리기가 힘들다.	

■ 나의 판단기능은? ☐

	J 유형	표시	P 유형	표시
1	공부나 일을 먼저 하고 논다.		먼저 놀고 난 후에 일을 한다.	
2	쫓기면서 일을 하는 게 싫다.		막판에 몰아서 일을 할 수도 있다.	
3	정리정돈 된 깨끗한 방이 좋다.		방이 어지러워도 상관없다.	
4	사전에 계획을 짜는 편이다.		계획을 짜는 것은 왠지 불편하다.	
5	규칙적인 생활을 하는 편이다.		상황에 따라 유연하게 행동한다.	
6	준비물을 잘 챙기는 편이다.		준비물을 잘 잊어먹는 편이다.	
7	계획에 없던 일이 생기면 짜증난다.		틀에 박힌 생활은 재미가 없다.	
8	목표가 뚜렷하고 실천을 잘 한다.		색다른 것이 좋고 짧은 공상을 한다.	
9	계획적으로 일을 하는 편이다.		그때그때 일을 해치우는 편이다.	
10	남의 지시에 따르는 편이다.		내 마음을 따라 행동하는 편이다.	

■ 나의 생활양식은? ☐

검사결과 아이의 성격유형은 ☐☐☐☐
(앞에서 선택한 4가지 유형의 알파벳을 써보세요 예: ISTJ, ENFP 등)

❹ 성격유형별 학습 성향을 알아야 해요.

(A) 외향성(Extroversion) 아이 – 내향성(Introversion) 아이

자신의 에너지의 방향이 외부로 향하는 아이들은 외향성, 내부로 향하는 아이들은 내향성이 됩니다.

외향적 태도의 아이들은 외부세계의 사람이나 사물에 관심을 두고, 이를 통해 에너지를 얻습니다. 또한 외부세계의 중요성을 확인하고, 자신의 환경에 영향력을 행사하려는 성향을 갖습니다.

반면 내향적인 태도의 아이들은 외부세계에서 벗어나 자기 자신의 안으로 몰입하고자 하며, 자신의 내부세계의 개념 및 사고에 관심을 쏟고 에너지를 얻고자 합니다.

외향형(E)	내향형(I)
• 다른 아이들과 함께 그룹수업을 할 때 능률이 오른다. • 자기 의견을 표현할 기회를 통해 많이 배운다. • 실제로 나와서 직접 해보는 것을 좋아한다. • 실험과 실패가 허용되는 분위기에서 더 잘 배운다. • 자신보다 공부를 못하는 친구를 가르치면 공부가 잘된다. • 주제 토의를 통한 이해를 잘한다.	• 그룹작업이나 발표하기 전에 설명을 듣고 관찰하고 질문을 주고받는 과정이 있을 때 더 잘 배운다. • 혼자 충분히 생각하고 이해하는 시간이 허용되는 분위기에서 더 잘 배운다. • 알고 있는데 대답이 쉽게 나오지 않기 때문에 기다려주어야 한다. • 말하거나 발표하지 않고 들으면서 집중하는 상황에서 공부가 잘된다. • 발표하기 전에 미리 내용을 정리하면 효과가 좋다.

(B) 감각형(Sensitive) 아이 - 직관형(iNtuitive) 아이

정보를 수집하고 인식함에 있어 선호하는 방식에 따라, 감각적 인식과 직관적 인식으로 나눕니다. 감각적 인식은 오감을 통해 정보를 수집하는 것을 선호하고, 구체적인 사실이나 직접적인 경험을 통한 깨달음에 초점을 두는 경향이 있으며 관찰능력이 뛰어납니다. 반면 직관적 인식은 통찰을 통해 가능성, 의미, 관계를 인식하는 것을 선호합니다.

감각형(S)	직관형(N)
• TV, 비디오, 오디오 등을 이용한 수업이 효과적이다. • 암기를 잘한다. • 단계적인 설명과 개념이 실제 어떻게 적용되는지 예를 들어 설명해야 이해가 빠르다. • 복습에 의한 학습 스타일이므로, 반복 학습을 많이 한다.	• 보이는 것에서 시작하여 상상을 일으키고 자극해주는 학습법을 한다. • 새로운 수업방식을 좋아한다. • 한 문제에 대한 여러 가지 해답 가능성을 탐색하는 것을 즐기므로 시간을 넉넉히 준다. • 자기 진도에 맞추어 나가는 분위기를 좋아한다. 타이트한 수업 계획이 있는 학습을 싫어한다. • 예습에 의한 수업이 효과적이다.

(C) 사고형(Thinking) 아이 - 감정형(Feeling) 아이

판단이나 결정을 할 때 어느 것을 더 선호하는가에 따른 구분입니다. 어떤 아이는 다른 사람의 인정에 끌리지 않고 논리적인 결과를 바탕으로 결정하려고 하는 반면, 어떤 아이들은 개인적·사회적인 가치를 바탕으로 감정에 의해 결정하려는 경향을 가지고 있습니다.

사고형(T)	감정형(F)
• 자료를 수집하고, 조직하고, 평가하는 기회가 주어지는 수업을 좋아한다. • 논리적이고 조리 있게 설명을 잘한다. • 성취 욕구가 강하다. • 명확한 수업을 좋아한다. • 수업 진도가 빠를 때, 자극을 받아 더 열심히 한다. • 원인과 결과가 또렷한 설명을 좋아한다.	• 칭찬과 인정을 받으면 학습효과가 좋다. • 교사나 엄마의 말 한마디와 메모가 학습동기에 큰 영향을 주게 된다. • 화목한 분위기에서 학습이 잘된다. • 지속적인 경쟁을 싫어한다. • 학습 주제가 사람들에게 어떻게 도움을 줄 수 있을까, 같은 것들에 관심이 크게 생긴다.

(D) 판단형(Judgement) 아이 - 인식형(Perception) 아이

외부세계에 대처해 나갈 때 판단형은 행동이 조직화 되어있고 목표가 뚜렷하며 확고해 보이고, 인식형은 자기에게 들어오는 정보 그 자체를 즐기며, 자발적이고 호기심이 많고 적응력이 높은 한편, 새로운 사건이나 변화에 개방적이고 이것저것 다양한 관심을 가지고 있습니다.

판단형(J)	인식형(P)
• 계획에 따른 학습지도에서 잘 배우고, 숙제나 과제도 정확하게 설명을 해주어야 효과가 좋다. • 계획성 있는 수업을 선호한다. • 주변을 정돈해 놓으면 공부효과가 좋다. • 수업에 대한 것을 미리미리 알려주는 것을 좋아하고, 끝맺지 않고 다음 단계로 넘어가는 것에 스트레스 받는다.	• 자유롭고 유연성이 있는 학습 분위기를 좋아한다. • 지속적인 규칙, 이론, 설명 등에 의존하는 학습에 흥미를 잃는다. • 호기심이 많아 체험학습이나 다양한 활동을 겸한 학습을 좋아한다. • 학습 계획을 세우는 것이 힘겹다. 자기 진도에 맞춘 자유로운 분위기가 학습에 효과적이다.

❺ 아이 성격에 맞는 수업 설계

● 예를 들어 우리아이가 ISFP 라면...

내향형이고 감정형인 아이들의 영어 교육은 보통 아이들보다 훨씬 까다롭습니다. 겉으로 표현하질 않으니, 선생님과 엄마의 칭찬을 끌어내는 것이 어렵기도 합니다. 하지만 우리아이가 내성적이고 감성적인 아이라는 것을 알고 있다면, 엄마들은 기다려주는 여유를 가질 수 있게 될 것입니다. 스피킹 시간에 입을 꾹 다물고 있는 아이라고 해서 무조건 혼을 내지는 않을 것입니다. 그리고 우리아이에게 칭찬의 효과가 크다는 것을 알기 때문에 아낌없는 칭찬을 해줄 수 있을 것입니다.

감정형의 아이들은 엄마와의 관계에 따라 영어공부가 좋은가, 싫은가가 좌우될 수 있기 때문에 엄마의 언어 선택 역시 중요합니다. 아이에게 상처를 주지 않는 방법이, 아이가 즐겁게 영어를 공부하도록 만드는 지름길이 되는 것입니다.

감정형의 아이들에게 가장 필요한 건 엄마의 끊임없는 칭찬을 통한 자신감입니다. 선생님과 엄마의 반응과 칭찬에 예민한 감각형 아이들은, 엄마의 구체적인 칭찬에 "내가 더 열심히 해야겠구나."라고 판단하게 될 것입니다. 또한 S형이기 때문에 영어에 관한 정보를 감각적인 방법으로 받아들이기 좋아합니다. 따라서 S형 아이에게는 DVD, CD 등의 보고 듣기 수업이 좋은 방법이 될 수 있겠지요. 또한 영어 수업을 다양한 방법으로 이끌고나가야 효과가 좋을 것입니다.

엄마가 내 아이의 성격 유형을 아는 것은 중요합니다.

아이의 성격을 알고 아이에게 맞는 수업과 코칭을 해주세요.

과학 좋아하는 아이,
영어도 좋아하게 만들려면?

Q-7

> **Q** 과학시간에는 눈을 반짝반짝 뜨고 집중하며 질문도 많은 아이가, 영어시간만 되면 지루해합니다. 입을 꾹 다물고 수업 참여도도 낮습니다. 영어시간이 되면 점점 긴장하고 지루해하고, 자신감을 잃어가고 있네요. 과학수업처럼 영어수업도 즐거워할 수 있는 방법은 없을까요?

❶ 영어 따로 가르치지 말고, 영어 + 아이의 선호 과목 결합

따로 영어만을 가르치는 방식이 아니라, 아이가 좋아하는 과목, 소질 있는 과목에다 영어를 결합시켜보세요.

내 아이 영어신동 만들기 1단계는 뭐니뭐니해도 관심사 파악과 공략입니다. 즉, 아이가 좋아하는 관심사에 영어를 접목해서 영어 수업을 흥미롭게 끌고 나가야 한다는 겁니다. 5살짜리 아이가 만화와 DVD를 좋아한다면, 바로 그 만화와 DVD에 영어를 섞어야 합니다. 발레를 좋아하는 아이는 영어발레 수업을 통해 아이의 영어를 시작해보는 것도 좋습니다. 아이는 영어를 몸과 춤으로 기억하게 될 테니까요.

호기심이 많고 논리력, 관찰력이 뛰어난 좌뇌형 아이들은, 영어를 가르치는 것보다 만들기 등의 과학실험을 통해 영어를 가르쳐주면 더 잘 따라올 것입니다. 운동을 좋아하는 아이들은 승부욕을 자극하는 게임식 영어가 좋겠지요. 축구공을 패스하면서 하는 영어 끝말잇기 게임들을 하면 좋겠지요.

아이가 소질을 보이는 과목 안에 영어와 친해질 수 있는 해답이 있는 것입니다.

네, 영어 교육의 근본은 흥미입니다. 그런데 당연히 공부가 아이 흥미의 1순위에 오르기는 힘듭니다. 그러니 영어를 심어주기 위한 도구로서 아이의 흥미를 이용해보세요.

❷ 동기 부여!

"왜 영어를 반드시 공부해야 하는 거지?"
아이에게 영어 공부의 필요성을 알려주세요.

만약 과학자가 되고 싶은 아이라면, 훌륭한 영어 실력 자체가 목적이라기보다, 과학자로서 정보를 제대로 주고받을 수 있는 소통 능력으로서 영어가 필수적임을 알려주면 됩니다. "영어를 독해하는 능력이 없다면, 어떻게 최신 정보가 나오는 외국 과학 잡지를 읽지?" 그렇게 아이를 깨우쳐주세요.

또 운동을 좋아하는 아이들에게는 "국제적으로 훌륭한 선수가 되었을 때, 영어 인터뷰를 해야 하지 않을까?" 영어 회화의 필요성을 알려줌으로써 동기를 부여하는 겁니다.

영어를 해야 하는 이유를 아이의 흥미, 장래 희망과 연관시켜 알려준다면, 아이는 즐겁게 영어 공부를 할 수 있을 것입니다.

단 동기 부여를 할 때, "영어 공부를 하면 네가 좋아하는 게임을 하게 해줄게." 식의 조건부 공부는 안 됩니다! 외재적外在的 동기로써 아이를 구슬리기보다, 아이의 흥미와 연관된 내재적인 동기를 찾아보는 것이 훨씬 좋습니다. 자신감, 엄마의 칭찬, 스스로 공부할 수 있는 학습동기를 찾는 것이 영어에 대한 흥미를 갖기 위해 필요한 것입니다.

외부의 칭찬을 받기 위한 공부에는 내적인 즐거움이 없답니다.

또한 아이에게 동기 부여 시, 강압적인 말투로 상처를 주지 않고 격려와 희망을 담은 엄마의 언어 선택이 대단히 중요합니다.

● **학습의 내재적-외재적 동기**

동기는 그것이 어떻게 발생했느냐에 따라 내적동기와 외적동기로 구분합니다.

내재적 동기는 아이 자신의 안정, 만족감, 성취감, 자아존중감의 고양 및 자기보상을 위해 활동을 하도록 유도된 [다시 말해서 내면화된] 동기이며, 외재적 동기는 활동의 수행으로 얻어지는 보상, 외부적으로 유도된 만족이나 이익을 얻으려는 동기를 말하는 것입니다.

내적으로 동기화된 아이들은 외적 결과에 연연해하지 않고 학습이나 행동을 오래 지속할 수 있습니다. 내적으로 동기 유발된 학생은, 외적으로 동기 유발된 학생에 비해 학습에 흥미를 느끼고 도전을 하는 경향이 있다고 하죠. 아이들에게 내재적 동기가 생길 수 있도록 도와주는 것이 엄마의 역할입니다.

내재적 동기	행동 그 자체가 좋아서 하는 활동	• 영어를 배우는 것이 즐거워서 • 영어에 대한 흥미와 호기심이 많아서
외재적 동기	외적인 보상을 바라고 하는 활동	• 똑똑한 사람이 되기 위해서 • 친구들보다 못하는 것이 싫어서 • 엄마와 선생님께 칭찬 받으려고 • 나중에 중학교에 가면 중요하다고 하니까 • 영어공부하면 게임하게 해 준다고 해서

❸ 지속적으로 영어에 노출을!

영어에 흥미와 관심을 갖게 하려면 지속적인 영어 노출이 관건입니다. 교육학에서 말하는 흥미는 곧 관심입니다. 10살 이전에 영어 학습에 대한 관심을 끌어내주는 것이 바람직합니다. 반복적인 즐거운 소리들, 동요라든지, 리드미컬한 동시 같은 것들을 영어로 반복적으로 익힘으로써, "아하, 영어는 즐거운 소리 학습이구나!"라는 감각을 익히도록 해주어야 합니다.

영어에 있어서 가장 중요한 것은 뭘까요? 영어가 공부가 아니라 자연스런 주위환경이 되는 것입니다. 가능하면 몰입 방식으로 늘 주변에 영어가 존재하고 들리도록 만들어주는 것이 가장 좋은 방법입니다. 욕심 부리는 단기 집중보다 꾸준한 영어 노출이 훨씬 더 효과적이라는 것을 명심하세요!

❹ 영어 부담감을 잊게 해주세요.

　자기가 좋아하는 과목이 따로 있는 아이에게 강요식 영어수업은 결국 아이에게 영어는 부담스러운 과목으로 남게 될 것입니다. 아이에게 영어 부담감을 잊게 해주어야 합니다. 좋아하는 과목을 영어와 접목시키는 방법으로 영어 부담감을 잊게 해 주세요.

　또한 영어를 잘 못한다는 사실을 아이 자신이 알지 못하게 해야 영어 거부감, 영어울렁증이 생기지 않습니다. 잘한다는 빈말이나 칭찬보다는, 아이가 스스로 잘한다는 것을 느끼게 해줄 상황을 만들어줄 필요가 있습니다.

　자연스러운 영어 상황을 만들어서 지속적으로 영어에 노출시켜준다면, 아이가 영어 두려움을 느끼지 않고 영어에 흥미를 가지게 될 것입니다. 결국 영어 수업 스트레스에서 벗어나는 것이 영어 신동 첫걸음 아닌가요.

•• **내 아이가 좋아하는 걸 영어로 배우게 해봐요!**
- **영어로 발레 배우기:** 트윈클 영어 발레 (www.twinkle.or.kr) ☎ 02-514-9616
- **영어로 미술 배우기:** 아토리 영어미술 (www.artory.or.kr) ☎ 1688-8722
- **영어로 과학 배우기:** 서울영어과학교실 (http://www.seoulese.or.kr)
  ☎ 02-971-6232
- **영어로 축구 배우기:** 아스널 사커스쿨 코리아 (http://www.assk.co.kr)
  ☎ 1599-4905
- **영어로 태권도 배우기:** 태글리쉬 (http://www.taeglish.com)
  ☎ 043-237-0525

미술에 능한 아이,
영어도 미술만큼 잘하려면?

Q-8

> **Q** 우리아이는 그림을 아주 잘 그려요. 그런데 영어만 공부하려고 하면 힘들어한답니다.
> 우리아이가 영어를 그림만큼이나 잘 할 수 있는 방법은 없을까요?

❶ 아이의 강점을 영어와 접목시키세요.

아이가 좋아하는 것과 영어를 접목시켰듯이, 아이가 잘하는 것을 이용해 영어 학습을 해야 합니다. 아이들 각자가 가지고 있는 강점을 분석하고 파악한 뒤에 그에 맞는 영어 학습법을 선택하면 영어 학습 효과가 크다는 뜻이지요.

공간지능에 강점을 가지며 예술적인 창의성이 뛰어난 아이는 미술과 연관된 영어 수업을 하는 것이 가장 효과적입니다. 예를 들어 그림 솜씨가 뛰어난 아이에겐, 영어 그림노트 만들기, 한 페이지에 단어와 연상되는 그림 그리기 등을 통해 이미지와 단어 뜻을 연결시켜 자연스럽게 영어 어휘수를 늘여가는 수업이 효과적입니다.

❷ 누구나 잘하는 것이 있죠.

다중지능(MI: Multiple Intelligence) 이론은 하워드 가드너(Howard E. Gardner) 교수에 의해 새롭게 등장한 지능이론으로, 인간에게 소질, 적성, 능력과 관련하여 8가지 지능이 존재한다는 이론입니다.

가드너의 8가지 지능은 각각 언어지능, 음악지능, 논리수학지능, 공간지능, 신체운동지능, 인간친화지능, 자연친화지능, 자기성찰지능으로, 한 사람 속에 8가지 지능이 모두 존재하지만 각 지능의 높낮이는 사람마다 차이가 있으며 이 지능이 현실적인 능력으로 얼마나 전환되는가는 각 개인의 노력에 달려있습니다.

가드너의 이론은 모든 아이들을 긍정적으로 바라볼 수 있게 만들었고, 아이들 각각이 지닌 강점 지능을 최대한 살리는 방법으로 수업 내용을 짜게 하는 근거가 되었습니다. 다중지능 검사를 통해 아이들의 강점지능과 약점지능을 알게 된다면, 우리아이가 어떤 방법을 통해 수업을 하면 더 효과적인 수업이 될지 알 수 있을 것입니다.

❸ 우리아이 강점 파악, 최대로 효과적인 학습 방법

● 유아용 다중지능 검사

이 질문지는 유아 여러분의 생활에 관한 질문지입니다. 정답은 없으니 자신에 대해 생각한 대로 솔직히 답을 하면 됩니다. 질문을 잘 읽고 자신과 가장 가깝다고 생각하는 답에 ✔표 하세요.

● 유아용 다중지능 검사 도구

1. 전혀 그렇지 않다 2. 별로 그렇지 않다 3. 보통이다 4. 대체로 그렇다 5. 매우 그렇다

문항	문 항 내 용	1	2	3	4	5
1.	나이에 비해 문장 구성 능력이 평균 이상이다.					
2.	허풍을 떨거나 농담과 이야기를 잘 한다.					
3.	이름, 장소, 날짜 또는 사소한 것을 잘 기억한다.					
4.	낱말게임을 좋아한다.					
5.	책 읽는 것을 좋아한다.					
6.	나이에 비해 발달상 더 나은 철자법을 구사한다.					
7.	무의미 각운, 동음이의어, 발음하기 어려운 어구 등을 말하기 좋아한다.					
8.	구어체(이야기, 라디오에 나오는 이야기, 책 읽기 등)를 듣기 좋아한다.					
9.	나이에 비해 어휘력이 뛰어나다.					
10.	매우 뛰어난 구어 능력으로 다른 사람과 의사소통한다.					
11.	사물이 어떻게 작동하는지에 대해 질문을 많이 한다.					
12.	숫자 개념이 나이에 비해 뛰어나다.					
13.	수 헤아리기와 수를 가지고 무언가 하기를 좋아한다.					
14.	수리 컴퓨터게임에 재미를 느낀다. (컴퓨터가 없는 경우, 다른 수리게임이나 계산 게임을 좋아한다.)					
15.	이상한 나라의 앨리스처럼 논리적으로 맞지 않는 이야기 듣기를 좋아한다.					
16.	어떤 것이든 범주화, 위계화 하기를 좋아한다.					
17.	고도의 사고를 요하는 실험을 좋아한다.					

18.	또래보다 더 추상적이고 개념적인 수준에서 생각한다.
19.	나이에 비해 인과관계를 잘 이해한다.
20.	시각적 영상을 생생하게 말한다.
21.	지도, 그림, 도표를 본문보다 더욱 자주 본다.
22.	또래보다 공상에 잘 잠긴다.
23.	미술 활동을 좋아한다.
24.	나이에 비해 인물 형상을 잘 그린다.
25.	영화, 슬라이드, 기타 시각적 표상(시각적 표현물)을 좋아한다.
26.	나이에 비해 더 재미있는 3차원적 공작물(레고 블록 등)을 만든다.
27.	책을 읽을 때 글자보다는 그림에서 더 많은 것을 얻는다.
28.	연습장이나 다른 용지에 무의미한 낙서를 끄적거린다.
29.	나이에 비해 뛰어난 신체적 활동을 보여준다.
30.	한 곳에 오래 앉아 있을 때 움직이거나, 잡아당기거나, 발을 가볍게 치는 등 잠시도 가만있지 못하고 안절부절 한다.
31.	다른 사람의 몸짓이나 특징을 잘 흉내 낸다.
32.	사물을 분해하고 그것들을 다시 조립하기를 좋아한다.
33.	보고 있는 사물에 손을 댄다.
34.	달리기, 뛰기, 레슬링, 또는 비슷한 행동들을 좋아한다.
35.	공예기술(목공, 바느질, 기계 다루기) 혹은 신체협응(協應)운동이 민첩하다.
36.	극적인 방법으로 자신을 표현한다.
37.	사고나 작업하는 동안 상이한 신체적 감각을 느낀다고 말한다.
38.	진흙이나 기타 촉각적 경험(예 : 손가락 그림)을 좋아한다.
39.	음정이 고르지 못하거나 소리가 이상하게 들릴 때 그것을 지적할 수 있다.
40.	노래의 멜로디를 기억한다.
41.	노래할 때 목소리가 좋다.
42.	그룹에서 타악기를 연주하거나 노래 부르는 것을 좋아한다.
43.	가락에 맞추어 말을 하거나 움직인다.
44.	무의식적으로 콧노래를 부른다.
45.	활동할 때 리드미컬하게 책상이나 탁자를 두드린다.
46.	환경적 소음(예 : 지붕 위에 빗방울이 떨어지는 소리)에 민감하다.
47.	음악이 나오면 즐거워한다.
48.	교실 외의 다른 곳에서 배웠던 노래를 부른다.
49.	또래들과 사귀기를 좋아한다.
50.	타고난 지도자인 것 같다.
51.	문제가 있는 친구에게 조언한다.
52.	세상 물정에 밝은 것 같다.
53.	규칙적으로 만나는 또래집단이 있다.
54.	비공식적으로 다른 친구들을 가르치는 것을 좋아한다.

55.	둘 이상의 가까운 친구가 있다.					
56.	다른 친구들과 게임하는 것을 좋아한다.					
57.	타인에 대한 공감이나 관심이 높다.					
58.	다른 사람들이 동행을 요구한다.					
59.	독립심이나 강한 의지를 나타낸다.					
60.	자신의 강점과 약점에 대해 현실적 감각을 가진다.					
61.	혼자 남겨졌을 때 놀이나 공부를 잘 한다.					
62.	자신의 생활양식과 학습양식을 고수한다.					
63.	자신의 흥미나 취미에 관해 많이 이야기하지 않는다.					
64.	자주적인 결정 능력이 높다.					
65.	다른 사람과 함께하기보다는 혼자 활동하는 것을 좋아한다.					
66.	자신이 어떻게 느끼는지 정확히 표현한다.					
67.	인생에 있어 자신의 실패와 성공으로부터 배울 수 있다.					
68.	자존감이 높다.					

_____의 다중지능 검사 결과

〈평 가〉

	반		성 명		생년월일		
점수	점	점	점	점	점	점	점
100							
80							
60							
40							
20							
0							
지능구분	언어지능 (1-10)	논리수학 지능 (11-19)	공간지능 (20-28)	신체운동 지능 (29-38)	음악지능 (39-48)	인간친화 지능 (49-59)	자기성찰 지능 (60-69)

- 답안지의 번호가 1인 경우는 1점, 2는 2점, 3은 3점, 4는 4점, 5는 5점을 준다.
- 언어적 지능, 신체운동감각적 지능, 음악적 지능, 자기성찰 지능은
  각 지능별로 나온 (총점× 2)를 하면 100점 만점으로 환산된다.

- 논리 수학적 지능과 공간적 지능은 (총점×100)÷45를 하면 100점 만점으로 환산된다.
- 인간친화지능은 (총점×100)÷55를 하면 100점 만점으로 환산된다.

출처 : Armstrong Thomas(1995). Multiple intelligences in the classroom.
전윤식·강영심, 다중지능과 교육* (중앙적성출판사, 1997) 63-66쪽

● 강점지능별 학습 방법

지능	특징	학습 코칭법
언어 지능	● 이야기하기를 좋아한다. ● 어휘가 뛰어나다. ● 유머감각이 있다. ● 개념을 잘 이해한다. ● 책에서 나온 사실들을 잘 기억한다.	● 이야기 스토리텔링하기 ● 엄마와 동화책 읽기 ● 어휘력을 높여가며 공부하기 ● 여러 번 말로 반복하며 문장 암기하기 ● 녹음해서 다시 듣기 ● 책을 읽고 핵심어 찾기
음악 지능	● 운율이 있는 책을 좋아한다. ● 책과 함께 있는 음악만으로도 충분한 감정을 유발할 수 있다. ● 구연동화 읽듯 책을 잘 읽는다.	● 소리 환경을 조성하여 공부하기 ● 리듬이 있는 노래에 맞추어 암기하기 ● 기억할 때 단어의 억양이나 악센트 등을 이용해 공부하기
논리 수학 지능	● 단순암기보다 논리적 이해가 되어야 학습동기가 생긴다. ● 기준을 정해서 책의 내용을 잘 분석한다. ● 표, 그래프, 자료를 만들고 분류하는 것을 즐긴다. ● 다른 내용과의 연관관계를 잘 안다.	● 내용을 비교 대조 분석하기 ● 육하원칙에 따라 질문하며 공부하기 ● 리딩책 읽고 문제풀이 병행하기 ● 문법 규칙알기 ● 스토리북보다 과학 등 논리적인 소재의 책 읽기
공간 지능	● 스토리나 주제보다는 그림을 더 좋아한다. ● 내용을 그림이나 이미지로 기억한다.	● 책 읽고 그림 그리기 ● 마인드맵이나 표 등을 이용해서 내용을 조직적으로 배열하기 ● 여러 가지 색깔 있는 펜으로 정리하기 ● 영어 DVD, 영화 보기 ● 그림 보면서 묘사하기 ● 그림 단어 카드 만들기

*〈표준화된 다중지능 검사는 ㈜대교진로상담센터(http://clinic.daekyo.com)와 다중지능연구소(http://www.multiiq.com)에서 받을 수 있다. 유아, 초등생, 중·고등생 등으로 구분되어 있어 객관적 검사와 진단을 받아 볼 수 있다.〉

지능	특징	학습 코칭법
신체 지능	• 한 곳에 오래 앉아 공부하기를 힘들어한다. • 내용이나 주제 속의 주인공이 되어 생각한다. • 신체적인 상상력(감각 이미지)을 사용한다. • 실제로 만들어보거나 체험하기를 좋아한다. • 연예인의 춤을 따라 추거나 운동을 빨리 배운다.	• 배운 내용을 반복해서 쓰면서 공부하기 • 교사의 행동이나 말 등을 정확하게 모방하여 공부하기 • 실험이나 체험, 게임 등 구체적인 경험을 통해 공부하기 • 배운 내용을 반복하기 • 내용이나 주제 속의 주인공이 되어 생각하기 • 역할극이나 율동을 통한 수업방식
인간 친화 지능	• 학습내용 중 인물들에 관심이 많다. • 인물 중심의 느낌과 기분 등을 빨리 파악한다. • 자신이 알고 있는 내용을 다른 사람들과 나누는 것을 좋아한다. • 선생님께 귀여움 받고 친구관계가 좋다.	• 소모임 공부하기 • 인물 중심의 동화, 챕터류 읽기 • 팀을 만들어 협동 작업하기
자기 이해 지능	• 자신의 생각이나 기억, 느낌 등에 대해 잘 지각하고 표현한다. • 자기만의 목표를 세우고 실천하기를 좋아한다. • 혼자 하는 것을 좋아한다.	• 자신이 이해한 내용을 일기 형태로 써보게 하기 • 혼자서 집중할 수 있도록 도와주기 • 목표 정하고 실천하게 하기
자연 친화 지능	• 자연이나 환경에 관심이 많다. • 자신이 알고 있는 것이나 일상생활에서 볼 수 있는 것의 목록을 잘 쓴다. • 동물을 좋아하고 식물을 기르며 관찰하는 것을 좋아한다.	• 오감을 통해 현상을 관찰하고 기록하기 • 외국의 다양한 전문 사이트에 가서 여러 정보를 접하게 해 영어 학습의 동기를 키워주기 • 자연에 관한 채널을 영어로 접하기

목표가 분명한 아이,
영어는 흥미도 없고 공부할 시간도 없대요!

Q-9

> **Q** 장래에 운동선수가 목표인 9살 남자아이에요. 학교에 갔다 와 운동 연습을 하고 들어오면 밤 8시가 됩니다. 시간에 맞는 영어학원이 없어서 영어학원에 가본 적도 없답니다. 그래서 현재 알파벳도 완전하게 알지 못하는 수준입니다.
> 목표를 향해 노력하는 아이인데 영어 할 시간이 없으니 큰일이에요. 어떻게 해야 하죠?

❶ 영어는 필수임을 알려주세요.

"운동을 잘하니까 공부는 못해도 된다!"

이런 생각은 예전에나 통했던 무사태평한 사고방식입니다. 넓은 해외 프리미어 리그를 안방처럼 뛰어놀 수 있는 글로벌한 선수로 키울 생각이라면 영어는 필수입니다. 기자 인터뷰 때는 물론이고 다른 나라 선수들과 운동을 할 때 영어를 못하면 불편하고 결국에는 뒤처지게 될 것입니다. 이제 운동선수들에게 영어는 해외 원정의 필수 무기임을 알아두어야 합니다.

그래서 학교에서도 운동선수들이 정규 수업 일수를 다 채우고 학년에서 요구하는 최소한의 레벨을 갖추어야만 운동을 계속할 수 있도록 교육과정이 바뀌었습니다.

운동을 부동의 목표로 삼더라도 영어는 기본임을 알아두셔야 해요.

❷ '영어 두려움'을 없애고 언어 지능을 깨워주세요.

영어가 '백지' 상태인 아이는, 거꾸로 좋게 말해 언어를 빨아들이는 스펀지라고 생각하면 됩니다. 지금 모르는 것이 많더라도 영어를 스펀지처럼 받아들일 수 있는 장점이 있는 거잖아요? 지금 당장은 영어 실력이 나쁘지만, 앞으로 영어 실력이 좋아질 가능성이 있습니다. 영어를 못한다고 무조건 감출 것이 아니라, 부족한 부분을 내보이고 격려를 받아야 실력이 쑥쑥 늘어난다는 것, 명심하세요.

이른 나이에 운동을 시작한 아이는 신체 지능지수에 비해 언어 지능지수가 한참 뒤쳐져 있습니다. 잠들어 있는 언어 지능지수를 깨우려면 영어에 대한 두려움부터 없애주는 것이 관건입니다. 두려움을 없애기 위해서 스포츠 관련 영어 학습을 통해 영어에 대한 심리적인 거부감을 없애 주세요.

예들 들어, 축구를 좋아하는 아이라면, 축구 경기, 축구에 관한 만화책, 축구 게임 등에 관련된 영어부터 시작해야 합니다. 오프사이드, 바나나킥, 윙 등 축구 기술에 관한 수많은 용어들이 이미 영어로 구성되어 있습니다. 축구 중계에 단골로 등장하는 축구 기술용어, 월드컵에 출전한 수많은 나라 이름, 유명 축구선수들이 인터뷰에서 자주 사용하는 말 등 축구 관련 영어로 먼저 시작하세요.

자기가 좋아하는 분야인 축구에만 잔뜩 몰두하고 있어 영어를 접할 기회 자체가 차단되어 있어서는 안 됩니다. 그렇게 되면, 영어를 접할 중요한 시작점을 잃고 영영 영어와 담을 쌓을 수 있습니다.

❸ 짧은 시간 몰두하는 "30분 틈새 학습"

운동선수가 목표인 아이들은 운동만큼 영어에 많은 시간을 할애할 수 없는 것이 현실입니다. 설사 현실이 그렇더라도, 최소한 하루에 30분만큼이라도 아이를 영어에 노출시켜주고, 영어를 위한 활동을 해야 됩니다.

아이가 영어에 노출된 시간 30분 동안, 연령에 맞고 수준을 갖춘 수업을 하는 것이 매우 중요합니다. 운동선수들의 최고 장점이 뭔지 아시죠? 순간 집중력과 승부 근성이 뛰어나다는 것입니다. 영어학원 대신 집이나 운동장에서 할 수 있는 "30분 틈새 학습법"이 필요합니다.

욕심을 부리는 단기 집중보다 꾸준한 영어 노출이 훨씬 효과적이라는 것을 알아두고, 하루 30분을 최대한 활용할 계획을 세워보세요.

처음 시작할 때 틈새학습 내용을 운동 관련 영어들로 꾸며서 아이들이 운동장에서 활용할 수 있는 실용적인 영어 학습을 하도록 해주세요.

축구에서 느낀 성취감을 영어 학습에서도 느낀다면, 아이의 영어 실력 향상은 그야말로 시간문제!

❹ 목표가 뚜렷한 아이, 영어가 필수라는 동기부여

목적의식이 뚜렷한 아이에게는 억지 학습이나 기관에 맡기는 교육보다 왜 지금부터 영어를 해야 하는지를 잘 설득하는 작업이 중요합니다.

아이들은 아주 작은 동기부여만으로도 영어에 재미를 느낄 수 있습니다. 영어를 못한다고 아이를 탓하지만 말고, 아이의 꿈의 연장선에서 영어를 통해 멋진 미래를 꿈꿀 수 있도록 동기부여를 해주어야 합니다. 운동선수가 되겠다는 목적의식이 뚜렷한 아이라면 아이 스스로 영어에 대한 필요성을 느끼게 해주는 동기부여가 최우선이죠. 장래 희망 영어 로드맵을 짠 뒤에 아이 스스로 점검하고 실천하도록 해주세요. 이때 아이가 주도적으로 목표를 잡게 하고, 엄마는 도와주는 역할을 해주세요.

운동선수가 목표인 아이의 로드맵

9살 : 알파벳 대소문자 익히기, 영어 공부 시작하기
10살 : 쓰기 연습, 듣기 연습, 알파벳 조합해서 읽기
11살 : 좋아하는 운동선수에게 편지쓰기

어느 분야든 아주 잘한다는 신동 평가를 받는 아이들은 반드시 성취욕과 승부욕을 가지고 있기 때문에 영어 역시 잘해낼 수 있습니다. 이럴 때 강점 분야만큼 잘할 수 있다는 자신감 부여가 관건입니다. 미술, 음악

에 두각을 보이는 아이들도 위와 같은 방법으로 맞춤형 로드맵을 구성해보세요.

❺ 성향과 흥미를 접목한 학습법을 사용하는 것이 효과적이에요.

운동을 좋아하는 아이들에겐 승부욕을 자극하는 게임식 영어를 활용해보세요. 뮤지컬을 좋아하는 아이라면 뮤지컬과 영어를, 과학을 좋아하는 아이는 과학과 영어를 접목시킨 학습법을 사용하세요.

교육의 근본은 흥미입니다. 아이의 흥미 리스트 1순위에 공부가 턱하니 자리 잡기는 힘듭니다. 따라서 영어 실력을 늘려주기 위해서는 흥미 있는 도구가 필요합니다. 아이가 흥미 있게 영어를 배울 수 있는 영어 도구를 찾아주세요. 축구를 좋아하는 아이의 흥미 있는 영어도구는 축구이고, 뮤지컬을 좋아하는 아이의 흥미 있는 영어도구는 뮤지컬이 될 수 있습니다. 흥미를 가지고 있는 곳에 영어를 씌워주는 것이 필요합니다.

영어 공부할 테니 게임하게 해줘요?

Q-10

> **Q** 아침에 눈을 뜨자마자 게임기를 꺼낼 정도로 게임을 좋아하는 아이입니다. 공부를 하도 하기 싫어해서 "영어 공부 한 시간 하면 게임하게 해 줄게" 이렇게 하다 보니, 아이의 게임 중독이 더 심해지는 것 같아요. 게임 없이 영어 공부 하게 하는 방법 없을까요?

❶ 게임으로 동기부여 하면 안 돼요!

아이에게 "조건부" 공부는 좋지 않습니다. 이런 식의 공부는 엄마에게 보여주기 위한 '때우기 식' 학습입니다. 이런 아이의 게임 중독은 엄마가 만들고 부추기는 것입니다. 영어공부를 했던 것은 오로지 게임을 하기 위한 행동이었을 뿐입니다.

처음에는 1시간만 게임을 하다가 점점 더 길어지게 됩니다. 결국 게임을 못하게 하면 공부를 안 하게 되고, 어느 순간부터는 아예 공부는 안 하고 사소한 것에 화를 내고 짜증을 부리기 시작합니다.

아이들에게는 공부에 대한 흥미를 서서히 알게 하여 내재적 동기부여를 통해 자기주도(自己主導)가 가능하도록 도와주는 것이 좋습니다.

❷ 게임 중독과 영어 실력은 상관 없어요.

게임에 중독된 아이라고 해서 모두 영어를 거부하는 것은 아닙니다. 거꾸로 말하면, 게임 중독이 해결된다고 영어 실력이 좋아지는 것은 아니란 얘기입니다.

게임 중독은 게임 중독대로의 치료를 해야 하고, 영어는 영어대로의 솔루션이 필요합니다. "게임에 푹 빠져 있느라 영어공부를 못한다. 이제 게임을 그만두었으니 영어를 잘할 것이다." 그런 논리가 성립되는 게 아닙니다.

❸ 게임과 서서히 거리를 두게 하세요.

온라인 세계에 익숙한 게임 중독 아이들에게 억지로 학습을 강요할 경우, 반항하거나 게임 금단(禁斷) 현상을 보이게 됩니다. 책상 앞의 오프라인 환경이 아니라 흥미를 보이는 온라인 환경에서 공부의 방법을 찾아주어야 합니다.

즉, 가상과 현실의 괴리감 극복을 위해 여러 가지 게임을 이용한 학습법을 모색해야 합니다. 그러기 위해서는 게임을 이용한 영어 학습법을 이용해보면 어떨까요? 아이에게 갑자기 게임을 중단하게 억누르는 것은 오히려 역효과를 보일 수 있다는 것, 명심하세요!

게임으로 영어를 공부하게 되면, 아이는 처음엔 관심을 보이지 않을 것입니다. 왜냐하면, 자극적인 게임 영어에 이미 익숙해져 있어서 기본적인 영어는 재미없다고 생각되기 때문입니다.

"영어는 게임보다 재미없고 시시해. 살아가는 데 영어가 도무지 어디에 필요하단 거지?" 그런 생각으로 영어에 관심이 없을 수 있습니다. 이럴 때 재미있는 실생활 영어를 접할 수 있는 기회를 제공해 주는 것이 좋답니다.

④ 즐거운 영어를 알려주세요.

급한 것과 중요한 것을 구분해야 합니다. 게임에 중독된 아이에게 중요한 것은 알파벳을 알게 하는 것이 아니라, 영어에 흥미를 가지게 하는 것입니다.

게임을 통한 영어는 음지(陰地) 영어라서 기본적 영어가 재미없을 수 있습니다. 운동 속 영어, 친구들과의 영어 등 재미있고 즐거운 영어를 접하게 해주어야 합니다.

❺ 게임 중독 아이! 도와주세요.

- 또래 아이들과 놀아야 하는데 혼자 있는 시간이 많아 친구들과 어울리지 못하는 경우가 많답니다. 친구와 함께 노는 것이나 취미 활동 쪽으로 아이의 흥미를 돌려주세요. 사람과 어울려서 느끼는 세상의 재미를 알게 해주어야 합니다. 온라인 게임보다 직접 어울려 노는 재미를 느낄 수 있도록 해주어야 합니다. 친구들과 놀아보지 않아서, 그 재미를 모르는 것일 수 있습니다.

- 아이가 게임에 빠진 이유? 온라인 게임에서 1등을 하면 현실에서 느낄 수 없는 우월감과 쾌감을 누릴 수 있기 때문입니다. 게임보다 현실이 즐거워지도록 엄마가 생활 속에서 아이를 인정하고 칭찬해주세요. 대부분의 게임 중독 아이들은 다른 곳에서 못 받는 칭찬을 게임에서 충족하는 아이들입니다. 게임 중독의 치료는 정서적 욕구 충족에서 시작하게 됩니다.

- 게임 중독 치료의 최종 목표는 게임 중단이 아니라 스스로 절제하게 만들어 주는 것임을 명심하세요.

우리아이 게임 중독 진단

한국정보화진흥청에서는 게임 중독 진단을 하고 있습니다. 만 5~8세 자녀를 둔 부모용 검사로서, 진단 결과 게임 중독 행동 특성 및 환경 특성에 따라 위험군/ 잠재군/ 환경 개선군/ 일반군 등으로 분류합니다. http://www.iapc.or.kr 에서 확인해 보세요. 문항 내용은 다음과 같습니다.

1	우리아이가 게임을 하는 시간이 얼마나 되는지 알고 있다.
2	아이가 하는 게임의 종류나 시간에 대해 일관된 양육 기준으로써 관리한다.
3	부모의 형편상 집에서 아이의 하루생활을 관리하는 데 어려움이 있다.
4	우리아이는 혼자서 시간을 보내는 경우가 많다.
5	우리아이는 밖에서 노는 것보다 집에서 게임하기를 원한다.
6	우리아이는 또래와 놀 때에도 주로 게임을 한다.
7	우리아이는 일상생활 중에도 게임에 대한 생각을 많이 한다.
8	우리아이는 가족이나 친지의 모임에서도 게임만 하려고 한다.
9	우리아이는 게임 아이템을 사달라고 하거나 캐쉬 충전을 해달라고 조르는 경우가 많다.
10	우리아이는 친구들과 만나는 것보다 집에서 게임하는 것을 더 좋아한다.
11	우리아이의 놀이나 대화 내용은 주로 게임과 관련된 것이다.
12	우리아이는 외출을 할 경우 게임이 하고 싶어서 집에 빨리 들어오려고 한다.
13	우리아이는 게임을 못하게 하면 불안해하거나 다른 일에 의욕을 보이지 않는다.
14	우리아이는 게임을 하지 못한 날에는 괜한 심통을 부리거나 사소한 일에도 화를 낸다.
15	우리아이는 폭력적이거나 잔인한 게임 장면에 아무렇지도 않게 반응한다.
16	우리아이는 게임을 할 때 자기도 모르게 욕을 하거나 흥분된 모습을 보인다.
17	우리아이는 게임을 할 때 컴퓨터가 느리거나 게임 사이트에 문제가 생기면 안절부절 못하며 과격하게 행동한다.

만 9~12세 자녀들의 경우는 자기보고 형식이니 사이트(http://www.iapc.or.kr/)에 가서 확인해보세요. 결과가 게임 중독으로 나오면 게임 일기, 게임 규칙 등 다양한 치료방법을 활용하세요.

영어 학습태도가 나쁘고,
집중력 없는 아이?

Q-11

> **Q** 또래에 비해 영어 실력은 좋은 편입니다. 그런데, 아이가 책상에 30분 이상을 집중해 앉아 있지 못하고 산만합니다. 협박도 해보고 달래봐도 소용이 없어요. 영어 실력이 좋다고 해서 아이의 학습태도, 그냥 이대로 두어도 될까요?

❶ 아이를 혼내지 마세요.

산만하고 집중하지 않는다고 아이를 혼내서는 안 됩니다. 혼내고 윽박지른다고 아이의 학습태도와 집중력이 좋아지지는 않습니다. 그럴수록 오히려 아이는 엄마를 무시하고 더 대들기만 할 뿐이죠. 아이와 부딪치지 말고 한발 물러서서 아이의 학습 성향을 알아보고, 정서 불안정의 원인과 방법을 찾아보아야 합니다.

❷ 집중력 훈련을 통한 학습태도 개선

장기적인 영어 실력 향상을 위해서는 아이들의 집중력 균형이 중요한 요소! 아이의 학습태도를 개선하지 않고는 폭넓은 영어 학습을 기대할 수 없습니다.

책으로만 훈련된 요즘 아이들에게 집중력 불균형은 큰 문제로 대두되고 있답니다. 머리로는 되는데 손발이 옮겨지지 않아 그런 현상을 보이게 됩니다. 그럴 경우 정기적인 집중력 훈련으로 지구력과 시각 인지 능력을 향상시켜주어야 합니다.

예컨대 집중력 향상을 위한 명상도 좋습니다. 운동을 좋아하는 아이에게 정적인 학습을 시키기 위해 엄마와 함께 명상을 해보세요. 명상을 통한 집중력 향상으로 수업시간을 서서히 늘여가는 겁니다.

❸ 아이 수준에 맞는 흥미 있는 수업 찾기

아이가 현재 받고 있는 수업이 아이의 수준에 맞는지 살펴볼 필요가 있습니다. 수업이 아이에게 맞지 않거나 흥미가 없으면 아이의 수업태도가 당연히 나쁠 수밖에 없으니까요. 아이의 즐거운 영어 수업을 위해 아이가 집중할 만한 수업 내용을 찾아주기 위한 엄마의 도움이 필요합니다.

❹ 아이가 선생님이 되어보면 어떨까?

아이에게 친구들이나 동생을 가르쳐볼 기회를 만들어주세요. 자신이 선생님 입장이 되어 또래 친구들이 산만하게 행동하는 것을 보며 이래서는 안 되겠구나 스스로 깨우치게 될 것입니다.

영어만 잘한다면 아낌없이 투자하는데, 우리아이 영어 실력은 왜 이 모양?

Q-12

> **Q** 교육에 대한 정보력, 교육비용은 평균 이상인데 아이의 영어 실력이 안 따르는 까닭을 모르겠어요. 잘 가르친다고 소문난 유명 영어학원엘 보냈는데, 영어는 도통 늘지 않고 자신감만 없어졌어요. 영어만 나오면 자신감을 잃고 입을 꾹 다무는 우리아이에게 가장 적합한 방법이 무엇인지 모르겠어요.

❶ 영어를 배우는 아이의 표정을 살펴봐주세요.

영어를 배우는 아이의 표정을 좀 살펴볼까요? 아이가 영어 자신감을 잃는 가장 큰 이유는 바로 '몰라서 그런 것'입니다. 그리고 자기가 아는 답에 대한 확신이 없어서 입을 못 여는 것입니다. 아이의 수준에 맞는 영어 학습법인지, 아이에게 맞는 학원인지 확인해보세요. 아무리 어린 아이도 자기가 또래 집단에서 어느 수준인지, 잘하는지 못하는지를 깨닫고 있습니다.

　영어를 자기보다 잘하는 또래집단에 넣어놓으면 자기가 상대적으로 뒤떨어지는 게 느껴지니 영어를 자신 있게 입 밖으로 내뱉기 어렵습니다. 영어에 재미를 붙여야 할 시기에 잘하지 못한다는 좌절감을 느끼고, 매일매일의 테스트로 압박을 받는다면 아이가 영어와 친구 되기는 글렀지요.

　아이가 즐겁게 영어 수업을 받고 있는지, 자신 있게 수업에 참여하고 있는지, 아이의 표정을 살펴봐주세요.

❷ 유명하다고 좋은 것은 아닙니다.

　규모가 큰 유명 학원이라고 무조건 다 아이에게 좋은 건 아닙니다. 아이의 수준과 성향에 맞는 학원인지를 우선 살펴봐야 합니다. 소심하고 완벽주의 성향인 아이를 스파르타식 유명학원에 보냈을 경우, 그 학원의 프로그램이 다른 아이들에게는 아무리 좋아도, 우리아이는 극도의 스트레스로 이상 증상까지 보일 수 있습니다.

　만약에 학원에 보내기로 생각했다면, 아이의 수준과 성향에 맞아서 자신감을 회복시켜 줄 수 있는 학원을 찾는 것이 최우선!

❸ 영어와 친구가 되어야 해요.

　막 한글을 배우기 시작한 아이에게 알파벳까지 외워서 쓰게 하는 것은 한글을 외어서 쓰는 부담의 2-3배입니다. 최상의 교육환경에서 아이의 실력이 향상되지 않는 이유는 영어가 부담스러웠기 때문입니다. 영어에 재미를 붙여야 할 나이에 늘 잘하는지 못하는지 테스트를 받는다는 압박을 주면 영어와 절대 친구가 될 수 없습니다. 주위 아이들과 비교하기보다 엄마의 소신과 줏대를 갖고 내 아이의 수준에 맞는 교육으로, 아이에게 '영어'라는 친구를 만들어주세요.

❹ 영어 교육, 돈을 퍼붓는다고 효과가 나오지 않아요. 최고보다는 최적의 방법을!

돈을 많이 투자할수록 영어를 잘하게 된다면, 부잣집 아이들은 모조리 영어신동이 되어야 하겠지요?

만 원짜리 영어 동화책과 100만 원짜리 영어 유치원이 같을 수는 없겠지만, 만 원짜리 동화책으로 어떻게 가르쳐 주느냐에 따라 영어 교육의 질과 효과는 천차만별이 될 수 있습니다. 중요한 것은 영어 교육비를 얼마나 적재적소 적기에 사용하느냐 하는 것입니다.

최고만을 고집하기보다 아이의 연령, 성향, 수준에 딱 맞는 선생님과 학습법을 찾는 것이 최선입니다.

현재 아이에게 필요한 학습이 무엇인지 정확하게 파악하는 것이 중요합니다. 비싼 동화책 비싼 과외도 좋지만 아이가 그것을 받아들일 준비가 되어있지 않다면 소용이 없습니다. 손동작, 몸짓, 주위에 물건들 모든 사물이 영어를 위한 교재가 될 수 있습니다. 꼭 비싼 교재만이 답이 아니란 사실을 명심하세요.

아이 교육에 있어 아이에게 필요한 영양분은 따로 있는데 고급 스테이크를 먹이려는 것과 똑같은 과욕을 부리면 안 됩니다.

❺ 엄마와의 영어놀이는 아이들의 맞춤형 교육

영어 학습은 많은 비용 대신 정성을 들여야 약효를 볼 수 있는 보약과 같습니다.

유명하고 비싼 학원이니까 잘 가르치겠지, 안심할 일이 아닙니다. '학원의존형', '뒷관리형' 같은 스타일로는 아이의 효과적인 영어 학습이 이루어지기 힘듭니다. 아이가 학습에 주도적으로 참여해야 아이의 영어 실력이 향상될 수 있습니다. 따라서 학원보다는 엄마와의 맞춤형 공부가 좋습니다.

엄마와의 영어놀이는 아이의 맞춤형 교육이 될 수 있습니다. 아이가 확실히 알고 대답하는지 눈을 맞추어가면서 가르쳐보세요. 아이가 정답을 맞혔을 때는 즐거워하며 칭찬해주세요. 엄마라는 존재는 '지식을 전달하는 사람'이 아니라, '아이와 즐겁게 놀아주면서 끈기와 인내심을 가지고 수업을 할 수 있는 유일한 선생님'입니다. 아이의 영어에 대한 흥미와 동기부여를 위해 끈기와 인내심을 가지고 정성을 들이세요. 비싼 학원보다 엄마의 세심한 배려가 최선입니다.

영어라면 움츠러드는 '영어울렁증' 엄마, 홈스쿨링이 가능할까요?

Q-13

Q 영어울렁증 엄마에요. 발음, 문법 등등이 정말 자신이 없는데, 제가 아이에게 영어 홈스쿨링을 할 수 있을까요? 경제적으로 학원을 보내기도 버거워서 집에서 시키려고 하는데 자신이 없어요. 영어 홈스쿨링 그거 아무나 할 수 있는 건 아니잖아요? 전문가도 아닌데 어떻게 시작해야 할지 막막해요. 도와주세요!

❶ '완벽'에의 욕심을 버릴 때, 영어는 한 단계 성장

완벽한 교육을 꿈꾸는 욕심과 조바심을 버린다면, 이 세상 어떤 엄마라도 홈스쿨링은 성공할 수 있습니다. 영어를 못하는 엄마도 배워가면서 하면 됩니다. 공부를 하는 데 있어서 앞에서 끌고 갈 사람보다는 함께 뛰어드는 사람이 훨씬 도움이 된다는 사실을 잊지 마세요. "엄마도 영어를 못하니까, 나랑 함께 해보자!" 하는 마음으로 하나씩 아이와 경쟁하듯이 공부한다면 좋은 효과를 거둘 수 있습니다.

❷ 엄마의 자신감, 아이의 자신감

홈스쿨링을 하려는 엄마가 지레 위축되어 있거나 자신감이 결여되어 있으면, 아이도 그 느낌을 그대로 전달 받습니다. 엄마의 영어 자신감은 아이 자신감에 직결되는 거죠. 자신감을 가지세요. 엄마의 노력과 끈기와 정성은, 비싼 돈을 퍼붓는 사교육보다 오히려 큰 효과를 낼 수 있습니다.

홈스쿨링 하나만으로도 충분히 아이들이 영어를 할 수 있습니다.

❸ 홈스쿨링의 원칙과 구체적인 방법

● **원칙**
  - 영어가 무엇이고, 왜 가르쳐야 하는지, 목표를 확실히 설정합시다.
  - 엄마와 아이의 성향을 제대로 파악하고, 눈앞의 계획이 아닌 5년 단위의 장기계획을 세워야 합니다. 짧은 기간에 무언가를 해내야겠다는 다급한 마음만 없앤다면 충분히 집에서 엄마가 공부를 가르칠 수 있습니다.

● 구체적인 방법

1. 교재와 학습법을 자주 바꾸지 말자!

남들이 좋다고 하는 교재 여러 개를 동시에 집적거리다 마는 식의 작심삼일 스타일은 안 됩니다. 한 가지 방법으로 적어도 한 달 이상 꾸준히 학습하고, 결과를 기다리는 "우직한 소"가 되어야 합니다. 초점을 잃은 산만함은 홈스쿨링의 적입니다.

2. 일정한 시간을 정하자!

짧은 시간, 적은 양이라도 습관이 최고입니다. 아이의 생활리듬을 고려해, 하루도 빼먹지 말고 일정시간에 30분씩 꾸준히 해보세요. 대부분의 엄마들은 본인이 한가하거나 맘이 급할 때마다 무작정 아이를 붙들고 공부를 시킵니다. 하지만 그런 방법으로는 아이의 영어 실력을 향상시킬 수 없습니다.

3. 욕심은 금물! 반복이 최선

한 번 영어를 가르쳐주고는, 100번 학습한 효과를 기대하지 마세요. 아무리 비싼 과외나 영어유치원도, 집에서 엄마와 아이가 함께하는 반복 홈스쿨링을 따라갈 수는 없습니다. 쉽게 말해 영어 공부는 단어란 재료를 끈으로 엮듯이 연결시켜주는 작업인데, 엄마와 아이가 매일 꾸준히 반복 학습하는 것 외에 왕도가 없습니다. 엄마와 아이가 집에서 하루에 새로운 단어를 2개씩만 외워보세요. 5년이면 3500단어에 이릅니다. 이런 학습을 5년간 꾸준히 한 아이는, 천만 원짜리 영어유치원에서 1년 동안 벼락치기로 영어를 배운 아이보다 장래에 훨씬 더 경쟁력이 있습니다.

4. 교재 활용으로 효과를 극대화하자!

훌륭한 영어 교재는 지천으로 널려있습니다. 이중에서 최상의 것을 선별하는 게 바로 영어를 홈스쿨링 하는 엄마의 가장 중요한 역할! 아이의 수준이나 성향을 고려하지 않고 히트작만을 사는 것은 우매한 짓입니다. 자기주도형 홈스쿨링을 원합니까? 어떤 것이 필요하고 어떤 것이 불필요한지 아이와 함께 상의하여 결정하면, 훨씬 더 저렴한 비용으로 최대의 효과를 누릴 수 있습니다. 아이 자신의 흥미만큼 탁월한 공부의 동기는 없습니다.

●● 흥미를 북돋우는 재미있는 교재 활용

5~7세 아이들에게 영어를 처음 가르치기 시작할 때 플랩 북, 팝업 북, 퍼즐 북 등 재미있는 영어책으로 교육의 효과를 극대화합시다.

플랩 북(Flap Book)의 '플랩'이란 뭔가를 가리고 있는 '덮개'를 뜻하며, 플랩 북은 페이지에 추가로 붙은 덮개를 들추어보면 단어나 문장이 들어있는 책입니다. 해당 페이지와 덮개 위에 있는 그림을 통해서 먼저 아이와 학습을 하고, 그 다음 플랩(덮개)을 열어서 "이게 뭘까? 이 속엔 뭐가 들어있지?" 물어보고, 앞서 봤던 내용과 연관 지어 배우는 책이지요. 값비싼 사교육을 받지 못하는 아이들이 경제적-시간적 부담 없이 도전할 수 있는 교재입니다.

퍼즐 북(Puzzle Book)은 삽화를 퍼즐로 만들어 그림을 완성하는 책이고, 팝업 북(Pop-up Book)은 책장을 펼쳤을 때 그림이 입체적으로 튀어나오는 책입니다. 책장에서 수십 장의 카드가 튀어 오르고 근사한 성이 생기는 팝업 북은 아이들에겐 영어 흥미를 이끌어내기 충분하죠. 토이 북(Toy Book)은 그야말로 장난감 같은 형태의 책으로, 영어에 흥미를 느끼지 못하는 아이들에게 호기심을 자극하고 시각화된 자료를 통해 텍스트에 대한 이해력을 높이는 데 도움을 줍니다. 토이 북은 아이들이 재미있게 읽으면서 영어에 대한 거부감도 없앨 수 있기 때문에 인기가 좋습니다. 위의 교재들을 선택할 땐 물론 아이의 연령과 관심사를 먼저 고려하여 선택하세요.

④ 호기심을 자극하는 홈스쿨링

여자아이들은 공주에 대한 환상을 가지고 있습니다. 이런 환상과 호기심들을 끌어내서 DVD로 보여주면서 상황 영어를 접할 수 있도록 해 주세요.

홈스쿨링, 이렇게 성공했어요.

4~5세부터 영어책을 많이 보여주었어요. 그랬더니 어느 순간 아이가 책을 읽기 시작했어요. 그냥 그림을 읽는 거죠. 천재가 아니라 그냥 평범한 아이들도 할 수 있는 일입니다. 그림만 보는 게 뭣해서, 오디오를 같이 들려주었어요. 상상력이 풍부한 아이들은 그림을 보고, 내용을 추측하게 된답니다. 그 후 어느 수준에 이르렀을 때, 비주얼이 좀 더 필요하다는 생각에 DVD를 사주었어요. 그랬더니 DVD를 보고 자기가 주인공이 된 듯, 실제로 영어를 말하는 게 아니겠어요? 엄마는 그것을 캠코더로 촬영하기 시작했죠. 그렇게 되면 DVD의 오리지널 사운드와 아이의 소리가 함께 녹화되는 겁니다. 그렇게 녹화된 걸 아이가 봤을 땐, 발음까지 스스로 교정하게 되었답니다. 처음에 수줍어하던 아이는 자신의 발음을 들으면서 자연스럽게 스스로 교정하게 되었어요..

**엄마표 홈스쿨 도움 되는 사이트

- 잠수네 (http://www.jamsune.com): 영어뿐 아니라 국어, 수학, 과학, 예·체능 등 교육 전반에 대해서 정보를 공유하는 유료 사이트. 교재에 대한 평가부터 학부모 의견 및 영어 단계별 교육 노하우가 가득합니다.
- 애플리스 (http://www. kizenglish.com): 솔빛네 엄마표 영어 연수 프로그램을 유료로 운영 중이며 회원들은 프로그램을 통해 체계적이고 전반적인 엄마표 영어교육의 노하우를 공유할 수 있습니다.

- 쑥쑥닷컴 (http://www.suksuk.co.kr): 초등-유아 영어 교육 사이트로 유아를 포함한 초등, 중등, 연령별 엄마표 영어의 노하우를 얻을 수 있습니다. 연령별-단계별 영어 교육 노하우와 교육기관, 학습지 정보 등 영어교육에 관한 전반적인 정보를 드립니다.
- 영어교육 알파맘 (http://cafe.naver.com/englishalphamom.cafe): 영어 학습 커뮤니티로 알파벳 자료, 동요, 책, 플래쉬 자료 등이 제공됩니다.
- 푸름이닷컴 (http://www.purmi.com): 육아교육 전문 사이트로, 부모교육 방법, 영어 동화방 등 독서 영재로 키우기 위한 푸름이 교육법에 기반을 둔 정보를 담고 있습니다.

다운 받을 수 있는 여러 가지 자료들 :

- 액티비티 영어 자료: http://www.enchantedlearning.com
- 무료 영어 자료, 엄마표 영어의 필수: http://www.kizclub.com
- 영어 활용 자료가 한가득: http://www.dltk-kids.com
- 유명한 크레욜라 사이트: http://www.crayola.com
- 파닉스 공부, 아동용 영어 읽기 교육, 영어 발음 듣기: http://www.starfall.com
- 색칠공부와 영어를 함께: http://www.coloring-page.com
- 다양한 캐릭터들과 함께 영어 공부를: http://www.coloringbookfun.com

청개구리 같은데다,
엄마 실력 무시하는 아이

Q-14

> **Q** 아이가 영어를 잘하는 편이에요. 헌데 엄마가 영어책을 읽어주면 엄마 발음을 무시하고, 읽지도 말라고 잘난 척이네요. 엄마의 영어 실력을 무시하는 말 안 듣고 버릇없는 아이, 어떻게 해야 하죠?

❶ 엄마와 아이의 생활모습을 살펴보세요.

● **엄마의 모습을 살펴보세요.**

아이가 엄마를 무시한다고만 생각하지 말고, 자신이 아이에게 어떤 모습인지 반성해볼 필요가 있습니다. 감정적으로 아이 훈육을 해오지는 않았는지요? 이런 경우 아이들은 엄마가 혼을 내면 "엄마가 나한테 또 짜증내는군."이라고 받아들일 수 있습니다. 사소한 것을 인정해주지 않고 아이에게 자주 지적하지는 않았나요? 돌이켜보세요. 엄마의 잦은 지적을 받으며 자란 아이는 엄마의 실수를 지적하는 아이로 자라나게 됩니다. 엄마의 모습을 반성하고 고치려는 노력을 하세요. 엄마는 노력하지 않으면서 아이만을 다그치거나 강요하는 훈육 태도는 아이와의 관계를 더욱 악화시키게 될 뿐!

- **아이의 학교생활을 살펴보세요.**

아이가 바깥이나 학교생활에서 충족되지 않은 자존심을, 엄마를 무시하는 언행으로 해소하고 있는 것은 아닐까요? 학교생활에 대한 관찰이 필요합니다.

❷ 감정적으로 반응하지 말고 논리적으로

초등학생이 되면 엄마를 무시하는 태도가 어느 정도 나타날 수 있습니다. 그럴 때마다 감정적으로 반응해서는 안 됩니다. 논리적으로 설득하여 엄마의 권위를 확립하는 것이 필요합니다.

"기껏 가르쳐놨더니, 엄마를 무시하고 못됐어!" 등 감정적으로 말하지 마세요. 아이의 반항심이 더욱 증폭될 뿐이니까요. 그리고 이런 반항심은 청소년기 일탈의 가능성만 키웁니다. 물론 아이를 키우는 엄마 입장에서 감정적인 말을 참아내기란 힘들겠지요. 하지만, 아이들은 엄마의 감정적인 말에 반항심만 늘어갈 뿐이라는 것을 명심하고 꾹 참아보세요.

이럴 땐 아이를 납득시킬 수 있는 현명한 화법으로 대처해야 합니다.

"그래. ~~는 엄마보다 영어를 참 잘하는구나. 근데 ~~가 영어를 잘하듯이 엄마도 잘할 수 있는 게 있어. 봐, 엄만 요리도 잘하고 운전도 잘하잖아." 이렇게 논리적으로 설득하면 아이들도 자연스럽게 깨닫습니다. "아, 나와 마찬가지로 엄마도 잘하는 게 있구나."

❸ 아이의 인성이 올바르게 자라도록

자신보다 영어를 못하는 아빠 엄마를 무시하는 행동은, 그만큼 아이가 자신을 드러내고 싶어 하는 것입니다. 그렇기 때문에 엄마가 도와줄 방법은 아이가 깨닫도록 이끌어주는 것입니다: "~~가 영어를 잘하니깐 네 영어로 누군가를 설득시켜보는 게 어떨까?"

그런데 진정한 설득을 하기 위해서는 인성이 갖추어져 있지 않으면 힘듭니다. 특히 21세기형 리더는 지식만을 나누어서는 안 되고, 상대방을 포용할 수 있어야 합니다. 영어만 잘하고 타인을 배려할 줄 모르는 고집 센 아이가 어디서 환영받겠어요? 언젠가는 영어에서나 사회에서나 한계에 부닥치게 됩니다. 아이가 균형 잡힌 시각으로 세상을 볼 수 있도록 이끌어주어야 합니다. 내가 똑똑하다고 해서 상대방을 무시하는 것은 절대 안 된다는 것을 알려주세요.

❹ 엄마는 훌륭한 파트너이자 길라잡이

아이의 상황에 따라 엄마가 포지션을 전환해야 합니다. 즉, 아이의 실력이 엄마의 경지를 넘어섰다면, 엄마는 경쟁자나 선생님이 아니라, 학습 방향을 안내하는 길라잡이로 변신해야 합니다. 즉, 엄마가 영어를 가르치는 게 아니라, 영어 잘하는 방법을 알려주는 겁니다. 엄마가 제시하는 영어 학습이 늘 즐겁고 기대되고 유익하다면, 엄마에 대한 존중과 인정은 자연스레 따라오게 됩니다.

그래야 "엄마와 난 한 팀이야. 엄마는 나의 훌륭한 멘토야."라고 생각하면서 엄마에게 도움을 청할 것입니다. 아이의 영어 기본기가 충실하다면, 영어를 세상에 펼칠 수 있는 놀이터를 만들어 주는 게 엄마의 교육 길라잡이로서의 역할입니다.

❺ 엄마의 앞서가는 준비는 필수!

높은 수준의 실력을 갖춘 아이라면 엄마의 앞서가는 준비는 필수. 엄마 발음이 아이보다 나쁘다면, 아이는 읽고 엄마는 설명하는 방식을 써보세요. 또한 엄마가 알고 있는 지식들을 아이에게 알려주세요. 좋은 영어 친구가 되어 사이좋게 주고받는 홈스쿨링이 될 수 있습니다.

적극 참여하고 모르는 부분은 솔직히 인정하세요. 아이로부터 신뢰를 얻을 수 있습니다. 아이가 동화책을 읽으면 엄마는 한국말로 덧붙여 설명해주세요.

❻ 엄마의 양육 태도와 아이의 언어발달

어머니의 양육 태도가 자녀의 학습과 발달에 영향을 주는 이유는 존 보울비(John Bowlby)의 애착이론愛着理論에 근거한 것으로, 자녀가 어머니와의 관계를 통해 세상과 자신을 지각하는 내적 표상表象을 형성하게 되고, 이후에 유아가 세상과 상호작용을 할 때 영향을 미치기 때문입니다. 또 오언즈(Owens)라는 학자는 엄마가 아이를 직접 가르치지 않더라도 학습의 기회를 마련해주고, 자극의 양을 조정하며 학습의 시기까지도 조정하기 때문에 엄마의 양육 태도는 아이의 발달에 큰 영향을 주게 된다고 말했습니다. 나의 양육 태도를 검사해보고, 그로 인해 우리아이의 모습이 어떻게 바뀌는지 확인해보세요.

● 나는 아이에게 어떤 엄마일까?

다음은 자녀에 대한 양육태도를 알아보기 위한 것입니다. 평소 갖고 있는 견해나 행동과 가장 적합하다고 생각되는 곳에 ✔표 하셔요.

문항	문항 내용	① 전혀 그렇지 않다	② 거의 그렇지 않다	③ 그저 그렇다	④ 대부분 그렇다	⑤ 매우 그렇다
1	자녀의 요구를 다 들어주는 편입니까?					
2	사물에 대한 판단을 잘하고 이해도 빠른 편입니까?					
3	자녀가 속을 썩이는 행동을 할 때, 못 본체 할 수 없어 야단을 치거나 비평하는 편입니까?					
4	자녀가 잘못했을 경우 일부러 쌀쌀맞게 대하고 따끔하게 이야기합니까?					
5	자녀가 문제되는 행동을 할 때 거리낌 없이 다른 사람에게 의논하고 도움을 받습니까?					
6	자녀의 잘못된 행동을 끄집어내지 않는 편입니까?					
7	자녀가 보이는 흥미, 관심거리에 대해서 그들과 자주 이야기하고 도움을 줍니까?					

8	아이들이 사귀는 친구와 그들이 하는 말을 잘 살펴서 나쁜 친구와 나쁜 일에 안 빠지게 적극 도와줍니까?					
9	자녀가 제멋대로 행동하면 버릇들이기 힘들기 때문에 표현이나 움직임을 엄격히 제한할 필요가 있다고 생각합니까?					
10	자녀가 놀거나 공부할 때 되도록 집안에서 하도록 합니까?					
11	가능하다면 비록 힘든 일이라도 자녀가 혼자 하도록 합니까?					
12	자녀가 마음대로 행동하도록 자유를 줄 용의가 있습니까?					
13	자녀를 일일이 돌봐주지 않고 자기 혼자서 자리를 찾아 놀게 하는 편입니까?					
14	다른 사람이 나를 대할 때 어려워하거나 까다로운 면이 있다고 하는 편입니까?					
15	자녀가 다른 아이나 어른과 잘 사귄다고 생각합니까?					
16	직장(가정)일을 하다가 권태롭거나 지겹다는 생각을 할 때가 있습니까?					
17	자녀가 클 때까지 다른 사람이 좀 키워주었으면 좋겠다는 생각을 가끔 합니까?					
18	자녀에게 가능한 한 원대한 꿈과 포부를 갖도록 격려하여 보다 더 성공할 수 있게끔 격려해준 적이 있습니까?					
19	자녀를 양육하려면 어쩔 수 없이 근심 걱정이 많이 생긴다고 말한 적이 있습니까?					
20	자녀가 되도록 사회적으로 성공했으면, 하고 바라는 편입니까?					
21	자녀의 유치원이나 학교생활에 관심을 갖고 자주 살핍니까?					
22	가정 내의 질서를 유지하기 위해 규칙과 규율을 많이 설정해야 한다고 생각합니까?					
23	슬하에 자녀를 둔 것이 퍽 기쁘다고 자녀에게 말해줍니까?					
24	자녀의 행동이나 성취한 일에 늘 관심을 갖는 편입니까?					
25	자녀에게 애정표현을 겉으로 잘 합니까?					
26	자녀와 보내는 시간을 많이 갖는 편이라고 생각합니까?					
27	자녀를 존중하고 신뢰하며 허물없이 이야기를 나눕니까?					
28	자녀들이 무언가 해낼 것이라는 기대감을 강하게 갖고 있습니까?					
29	양육이 즐거울 때보다 짐스러울 때가 많다고 생각합니까?					
30	자녀의 행동 및 태도에 고쳐야할 점이 많다고 생각합니까?					
31	자녀가 속을 썩이는 행동을 보일 때, 참으려고 하다가 와락 성을 내거나 큰소리를 치는 때가 있습니까?					
32	자녀로 인해 속상하고 화나는 일이 많습니까?					
33	자녀에 대해 별로 아는 것이 없다고 생각합니까?					
34	자녀의 요구를 무시하는 편입니까?					
35	자녀와 함께 보내는 시간을 즐거워하는 편입니까?					
36	자녀들의 행동을 자랑스럽게 느끼고 또 칭찬도 하는 편입니까?					
37	아이들이 놀고 있을 때 그들이 노는 방식대로 허물없이 함께 놀아줍니까?					

38	자녀의 정서적 특성이나 성격이 바람직하다고 생각합니까?					
39	양육에 대한 지식을 넓히기 위해 독서도 하고 강연회 등에 참석하여 사람들에게 묻기도 합니까?					
40	정치 · 경제 · 사회 문제 및 여러 방면에 대해 폭 넓은 흥미를 갖고 있습니까?					
41	집과 부모를 떠나 자녀가 혼자 행동하는 것을 관대하게 봐주는 편입니까?					
42	자녀 스스로 행동하는 것을 관대하게 봐주는 편입니까?					
43	내 도움을 거절하고 자녀 혼자 뭔가를 하겠다고 할 때, 그냥 내버려 두겠습니까?					
44	애들이 생각하는 것이나 말하고자 하는 것은 뭐든 내가 알고 있어야 제대로 교육할 수 있다고 생각합니까?					
45	자녀들에게 장손, 맏딸, 또는 집안의 귀중한 존재라는 것을 깨닫게 하려고 노력합니까?	•				
46	자녀가 바르게 자라려면 부모를 어렵게 알고 두려워할 줄 알아야 한다고 생각합니까?					
47	자녀가 버릇없이 굴 때 벌을 주겠다고 엄포를 놓은 적이 있습니까?		•			
48	자녀들은 부모의 말에 절대적으로 순종해야 한다고 생각합니까?					

채 점

1. 하위변위

하위변위	문항 번호
애정의 태도	1, 5, 7, 23, 24, 25, 26, 27, 28, 35, 36, 37
거부의 태도	3, 4, 14, 16, 17, 19, 29, 30, 31, 32, 33, 34
자율의 태도	2, 6, 11, 12, 13, 15, 38, 39, 40, 41, 42, 43
통제의 태도	8, 9, 10, 18, 20, 21, 22, 44, 45, 46, 47, 48

2. 채점 방법

1) 각 변위별 문항의 점수를 합산한다.
2) 애정의 태도 점수와 거부의 태도 점수를 비교하여 높은 점수를 나타내는 태도 선정
3) 자율의 태도 점수와 통제의 태도 점수 비교하여 높은 점수를 나타내는 태도 선정
4) 양육 태도 결정 : 애정-자율 / 애정-통제 / 거부-자율 / 거부-통제

셰퍼(C. Schaefer)의 양육 태도 유형

유형	부모의 태도	아동의 모습
애정-자율의 양육 태도	애정을 갖고 자녀의 행동에 자율성을 인정하는 양육 태도로, 애정-협동-민주-자율적인 태도를 취한다. 이러한 태도를 지닌 부모는 자녀에게 관심을 갖고, 대화를 나누어 자녀의 의사를 존중함으로써 독단적인 의사결정을 피한다.	이러한 부모 밑에서 성장하면 정서적으로 안정되고 창의적-독립적-자율적-외향적인 성격을 지닌다. 자신 있게 사회에 적응하며 사교적이고 창의적이어서, 자신과 타인에 대해 적대감이 없다. 간혹 가정 밖에서 약간의 공격성이나 고집을 보일 때도 있는데, 그 이유는 부모 밑에서 안정감을 느끼기 때문이다.
애정-통제의 양육 태도	애정-통제의 태도는 애정적이면서도 자녀의 행동에 많은 제약을 가하는 태도로, 지나치게 관대하거나 보호적인 관대함을 취하며, 통제가 심한 경우 과잉보호가 나타나기도 한다. 애정적이며 통제적인 부모는 체벌을 수반한 통제는 아니더라도 심리적 통제를 쓸 수 있다.	애정적이며 자율적인 가정에서 성장한 자녀들보다 더 의존적이고 사교성과 창의성이 부족한 편이며 불안정한 정서를 갖고 내성적인 성격을 갖는다. 또한 인내심에 있어서 대단히 강하거나 대단히 약한 극단적인 모습을 보인다.
거부-자율의 양육 태도	거부-자율적 태도란 자녀를 수용하거나 받아들이지 않으면서 동시에 자녀가 마음대로 행동하도록 하는 방임적 양육 태도다. 무시, 냉담, 무관심의 태도를 나타낸다.	불안정한 정서, 심히 위축된 행동, 공격적인 행동을 나타내고, 자신의 행동을 조절하지 못하며, 반항적-반사회적인 행동유형으로 인해 사회에서 고립되는 경향이 있으며 정서적인 문제나 미성숙한 행동이 나타난다.
거부-통제의 양육 태도	자녀에게 관대하거나 따뜻하게 이해해주지 않을 뿐만 아니라, 자녀의 행동을 체벌 또는 심리적 통제로 규제하는 권위주의적, 독재적, 강압적, 거부적인 태도이다.	자아에 대한 분노가 발생하여 내면화된 갈등과 고통을 많이 갖고 있으며, 경우에 따라서 자학적인 퇴행성 행동이 나타나기도 한다.

똑똑한 아빠의 완벽주의 성격, 그리고 문법 위주 교육 때문에 고민!

Q-15

> **Q** 서울대 출신의 의사인 아빠가 7살배기 아이에게 너무 문법 위주의 주입식 영어 교육을 강요합니다. 엄마인 제 생각에는 아이에게 회화 위주의 수업을 시키고 싶은데... 아빠를 너무 좋아하고 존경하는 딸 아이 역시, 엄마 말은 무시하고 아빠가 시키는 대로 열심히 공부합니다. 그런데 아빠의 "1등 강조 교육"으로 아이는 틀리는 게 무서워 영어회화를 어려워하네요. 어떻게 해야 할까요?

❶ 아빠의 역할이 중요해요!

아빠가 육아와 교육에 참여하면 긍정적인 결과를 많이 얻을 수 있다고 합니다. 그 중에서도 가장 큰 효과는 아이의 창의성을 높여줄 수 있다는 점이지요.

창의성은 다양하고 풍부한 경험을 통해 얻어집니다. 그 중요성을 알고 대다수의 부모들은 아이의 창의성이 높여주기 위해 많은 노력과 지원을 아끼지 않고 있지요. 하지만 가장 중요한 열쇠는 아빠의 공간 지각 능력에 있다는 사실! 아이와 다양한 야외활동을 체험하고 집에서 많이 놀아주는 것만으로도 아이의 창의성은 무럭무럭 자랍니다. 공간을 자유자재로 사용하고 예측 불가능한 놀이를 제공하며, 아이가 순수한 상태를 경험하도록 함으로써 스릴을 주기 때문입니다.

❷ 아빠가 교육에 참여할 때 고려할 것들

● 아빠 엄마의 교육관 통일

아빠와 엄마의 교육관을 하나로 통일해야 합니다. 아이들에겐 일관성 있는 교육이 필요한데, 두 사람의 교육관이 다르면 혼란이 올 수밖에요.

● 아빠! 엄마를 존중해주세요.

아빠의 교육 참여는 좋지만, 아빠가 아이 앞에서 엄마를 훈계해서는 안 됩니다. 부모-자녀간의 애착관계에서 아빠보단 엄마의 역할이 훨씬 중요하거든요. 유아기에는 아빠에게 순종적이지만 사춘기가 오고 영어에 고비가 찾아오면 쉽게 지칠 수 있습니다. 아빠는 아이에 대한 관심을 계속 유지하되, 아이를 혼내고 다잡는 역할은 엄마에게 맡겨야 합니다.

● 엄마도 적극적일 필요가 있어요.

아빠가 교육에 참여하고 있다고 해서, 혹은 엄마보다 영어를 잘한다고 해서, 엄마가 한 걸음 물러서는 태도는 옳지 않습니다. 엄마도 공부하는 모습을 보여주는 게 중요합니다. 엄마와 아이가 함께 자라는 영어를 해야 함을 잊지 마세요. 뻔뻔하게! 즐겁게! 자신 있게!

또한, 아이는 엄마로부터 가장 큰 지지를 받고 싶어 하고 인정을 받고 싶어 합니다. 엄마가 사소한 것에도 지지해주지 않고 인정해주지 않으면, 아이는 엄마가 잘못한 것을 엄마의 방식으로 지적하게 됩니다. 아이를 가장 인정해주고, 아이에 대한 지지자가 엄마라는 인식을 심어주어야 합니다.

❸ 문법과 회화의 균형

아빠의 교육과 엄마의 교육 – 어느 쪽이 맞느냐, 선택의 문제가 아닙니다. 아빠의 문법영어, 엄마의 회화영어라는 두 가지 방법을 1대1로 섞어 놓으면 최고의 정답이 되겠죠. 그러나 7살이라면 회화를 많이 늘려주어야 할 시기입니다. 연령에 따라 영어 학습에 있어 문법과 회화의 균형을 맞출 수 있는 엄마아빠의 역할 정리가 필요합니다.

❹ 주입식 교육, 오래 못 갑니다.

칭찬을 받기 위한 공부는 아이들에게 내적인 즐거움을 줄 수 없습니다. 단어를 암기하고 테스트를 잘 보는 것은 칭찬받기 위한 공부이지, 내면을 위한 공부가 아닙니다. 이런 과정 속에서라면 아이들은 영어에 지치게 될 뿐입니다. 따라서 그런 방식으로는 공부를 오래 끌고 가기가 어렵습니다.

❺ 소극적인 아이에게 완벽을 강요하면?

소극적인 아이들은 머릿속에서 문법이 정확하다는 확신이 서지 않으면 영어로 말하려는 시도조차 하지 않습니다. 이렇게 되면 영어 실력은 늘 수가 없죠. 이런 소극적인 아이에게 완벽을 강요하는 것은 아이의 입을 아주 닫아버리는 짓. 누구나 확실하지 않은 것은 머뭇거리기 마련입니다. 틀리면 안 되는 완벽주의 교육은 아이의 사고와 입을 닫아버리게 합니다. 실수해도 좋으니 자유롭게 말할 수 있는 분위기를 만들어주세요.

완벽을 추구하고 지지 않으려는 성격, 욕심이 많은 아이는 또래 아이들보다 스트레스를 더 많이 받을 수 있습니다. 머릿속에 들어있는 단어를 말로 써먹게 해주는 훈련을 해야 합니다. 아이에게 완벽주의를 강요하지 마세요. 100점짜리 영어 고집에 아이는 스트레스와 압박감으로 지쳐 떨어집니다.

❻ 실수를 눈감아주는 작은 배려로 자신감을!

　영어는 백점 맞는 과목이 아니라, 생각과 감정을 표현하는 언어. 아이에게 시험점수를 묻기보다 하고 싶은 말이 무엇인지 물어봐야 합니다. 표현의 부담감을 덜어주세요: "영어는 틀려도 되는 언어야!"

　일등하기 위한 영어보다 행복한 영어가 되어야 합니다. 쓰고 외우기만 하는 영어보다 하고 싶은 것을 표현하는 영어 교육이 되어야 합니다. 자유롭게 표현하고 시행착오를 겪다보면, 말하는 법을 스스로 터득하면서 수다쟁이가 될 수 있습니다.

취학 전후 아이들을 위해 엄-영-미가 권장하는 그림책

● 5-7세

영어 '말문 트기'의 황금기. 폭발적인 상상력을 자극할 수 있는 책과 신체 움직임을 활용하는 책을 읽히자!

Go Away, Big Green Monster   From Head to Toe

● 8-9세

초등학교 입학과 동시에 또래집단과의 교류가 활발해지는 때. 게임을 통한 친구들과의 상호작용이 들어있는 책들을 읽히자!

Who Stole the Cookies from the Cookie Jar?

- 10-11세

사고력이 쑥쑥 늘어나는 시기. 가족 간의 사랑과 친구들 사이의 우정을 다룬 내용을 접하게 하자!

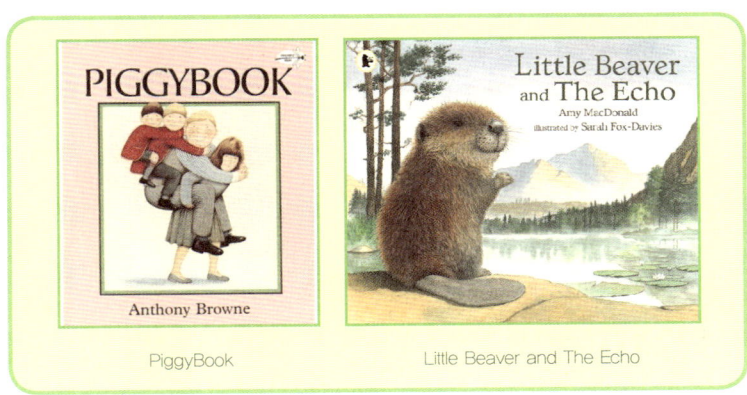

PiggyBook　　　　　　　　　Little Beaver and The Echo

- 12-13세

문자와 언어를 창조하는 시기. 보다 깊이 있는 내용을 다룬 장르를 만나게 하자!

The Giving Tree　　　　　　　The Magic School Bus

Part 4에서는
"엄마, 영어에 미치다" 프로그램에 참여한
은성(1화), 찬혁(2화), 유리(4화)의
실제 solution 적용 사례를 살펴보려고 합니다.
아이에게 최적의 영어 solution을 찾고,
아이의 구체적인 상황들을 solution에 적용한 후,
아이들이 어떻게 변했는지 살펴보았습니다.
실제 아이들의 예를 통해
내 아이 영어 solution 찾기에 도전해보세요.

Part 4

>> 맞춤형 영어 solution:
　　다양한 사례

은성이의
맞춤형 solution

01

Part 1에 소개된 은성이는 **영어 거부감을 보이던 6살 여자아이**였습니다.

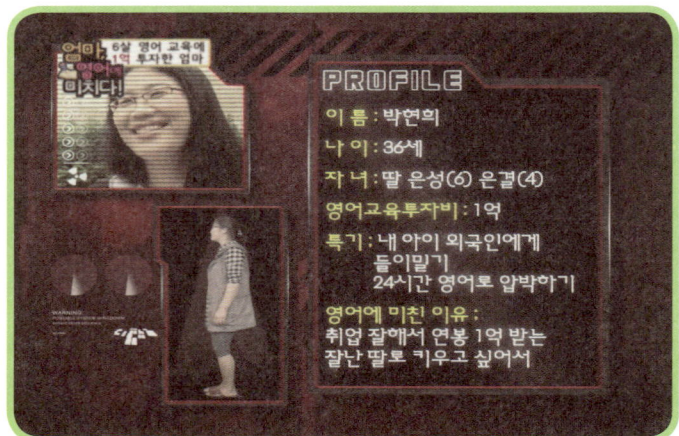

1단계 은성이를 둘러싼 환경 맵핑

엄마: 영어 홈스쿨링을 위해 영어를 배우고, 영어 환경을 만들어 주기 위해 동두천까지 이사함.

양육태도검사: 애정적-자율적 (통제적)

현재 영어 상태: 영어 거부감이 있고, 단어는 많이 알고 있으나, 문장 표현이 어려움.

성격: ENTJ

연령: 놀이 영어가 필요한 6살

강점 지능: 음악지능 및 언어지능

흥미: 발레

2단계 은성이의 상황 분석

은성이는 하루 종일 영어로 말해보라는 엄마의 강요식 영어 홈스쿨링으로 인해 영어 거부 증상을 보였던 아이였습니다.

단어를 많이 알고 있었지만 이에 비해 영어회화 실력은 낮았고, 영어 질문에 명사로만 대답하는 경향을 보였었지요.

은성이는 어릴 때부터 언어 발달이 빨라 은성이 엄마는 은성이에 대한 기대감이 높아져서 연령에 비해 빨리 영어 학습을 시작했고, 아이는 많은 학습량과 영어 강요에 지쳐가고 있었답니다.

3단계 은성이 맞춤형 solution

① 시기

영어 거부감과 소아기 우울증을 보이는 은성이에게 적절한 영어 교육 시기는 앞으로 1년 6개월 이후입니다. 즉, 은성이가 영어 공부를 하거나 영어 수업을 받거나 영어 학원에 가도 되는 연령은 7살이라는 거죠. 그때까지는 모국어 기반을 다지고, 놀이영어를 통해 영어와 친해져야 할 것입니다.

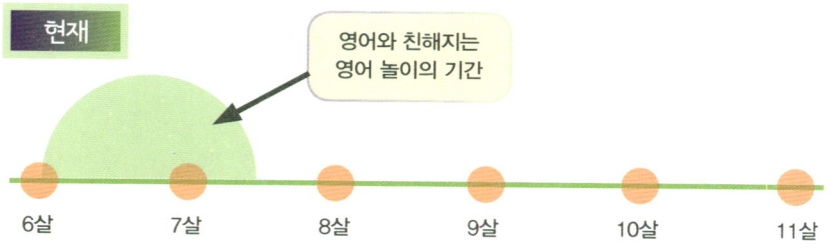

❷ solution 결정

현재 영어를 싫어하는 은성이는 먼저 놀이영어를 통해 영어와 친해져야 합니다. 아울러 또래에 비해 단어를 많이 알고 있음에도 불구하고, 영어 질문에 명사로만 짧게 대답하는 은성이에게는 **동사 카드 놀이**라는 solution을 사용하였습니다.

❸ 아이 상황에 맞는 '맞춤형 solution' 만들기

맞춤형 solution을 만들기 위해 중요한 것, 즉, 은성이를 둘러싼 여러 상황들, 연령, 성격, 강점, 흥미 등을 살펴보았습니다.

은성이 엄마의 양육 태도의 유형은 애정적-자율적(통제적 점수도 큰)인 형태였습니다. 물론 어린 연령의 아이들이기 때문에 통제적 양육 태도가 나올 가능성이 조금 더 크긴 합니다.

하지만, 교육의 주체인 아이에게 자율성을 더 주어 아이 스스로 자기 주도적인 생활습관을 할 수 있도록 도와주는 것이 필요합니다.

● 제1주>> 동사카드 놀이

은성이는 새로운 수업방식을 좋아하는 직관형(N)의 아이입니다. 지루하고 재미없는 영어공부를 하던 은성이에게 게임과 같은 동사카드 놀이는 최고의 solution이 되었습니다.

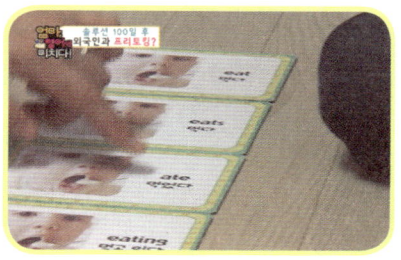

단어를 많이 알고 있던 은성이는 동사카드 놀이를 통해 그동안 머릿속으로만 알고 있던 실력을 밖으로 마음껏 쏟아낼 수 있었던 것이죠.

● 제2 ~ 3주>> 영어 학습동기 높이기

영어 거부감을 보이는 은성이에게는 영어가 즐겁다는 내적 동기를 부여해줄 만한 solution이 필요했습니다. 그래서 은성이가 흥미를 느끼는 발레를 영어에 접목한 '영어 발레' 수업이 solution으로 사용된 것입니다.

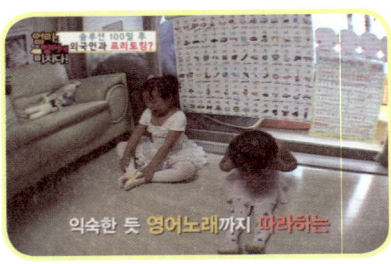

그러자 은성이는 영어를 공부가 아닌 놀이의 도구로 사용하게 되었고, 자연스럽게 영어로 말을 하게 되었습니다.

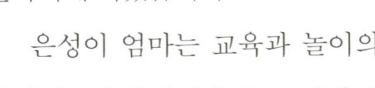 맞춤형 solution 평가

이러한 solution을 통한 엄마와 교육 방법의 변화로, 소아기 우울 증상까지 보였던 은성이는 완전히 달라지게 되었습니다.

은성이 엄마는 교육과 놀이의 주체성을 은성이에게 주고, 방법만 제공하는 안내자의 역할에 충실하려고 노력했습니다. 그런 엄마의 변화가 아이에게도 큰 변화를 이끌어낼 수 있었던 거지요.

은성이는 속으로 알고만 있던 단어들을 입으로 꺼내놓기 시작하였고, 잊었던 웃음도 되찾아갔습니다. 체계적인 solution 덕택에, 머릿속에 엉켜있던 지식들은 하나 둘 자리를 잡아나가기 시작했습니다.

+solution을 마치며

"은성이는 어릴 때부터 바르고 똑똑한 아이였어요. 그래서 재능을 가진 은성이가 자신의 잠재력을 최대한 발휘하도록 해주고 싶은 마음에 저도 모르게 아이를 다그치고, 억지로 영어 공부를 강요하게 되었던 겁니다.

하나라도 더 가르쳐주고 싶은 마음에 아이가 힘들어지고 도무지 재미를 느끼지 못하면서 나를 따라오고 있다는 사실은, 미처 돌아볼 여유도 없었어요. 근데 이 solution을 통해 저는 영어에 미쳐 앞만 보고 달려오면서 지쳐있던 마음의 짐을 내려놓을 수 있었고, 은성이 역시 새로운 교육방법을 신선한 자극으로 받아들여 영어를 공부가 아닌 놀이의 수단으로 여기면서 적극적인 모습을 되찾게 되었어요.

이 solution은 은성이가 가지고 있던 영어 지식들을 정리해주고, 잠재력을 끌어내주는 효과를 발휘했던 겁니다.

solution을 얻어내기 전까지의 은성이와 저는, 말하자면 교육의 시행착오(試行錯誤)라는 시간들을 보냈던 거 같아요. 지금도 아이와 예전 이야기를 할 때면, "힘들었었지?" 그렇게 말하면서 웃곤 한답니다."

찬혁이의 맞춤형 솔루션

02

part 1에 소개된 찬혁이 역시 **영어 거부감을 보이던 5살 남자아이**였습니다.

2단계 찬혁이 상황분석

찬혁이는 '엄마 선생님'의 주입식, 강요식 영어 홈스쿨링으로 영어 거부 증상을 보이던 아이였습니다. 이렇게 아이가 영어 거부감을 보일 경우 필요한 것은 영어 휴식!

거부감을 갖고 있는 아이에게 영어를 계속시킬 경우, 아이에게 정작 영어 공부가 필요한 시기가 왔을 때 영어책을 펼쳐보려고도 하지 않을 수 있답니다. 멀리 내다보고 아이 교육을 생각해야 한다는 점, 잊지 마세요.

찬혁이 엄마의 홈스쿨링 영어교육 방법들은 찬혁이가 흥미를 가지지 못했던 방법들이었습니다. 영어 휴식을 통해 영어 거부감을 먼저 없애고, 이후 찬혁이가 원하는 시간에 찬혁이가 좋아하는 것들을 이용한 놀이 영어로써 영어와 친해지도록 해야 합니다.

또한 한글 동화를 마음껏 읽도록 하여 아이에게 영어의 기반이 되는 모국어 실력을 길러주는 것도 필수입니다.

3단계 찬혁이 맞춤형 solution

① 시기

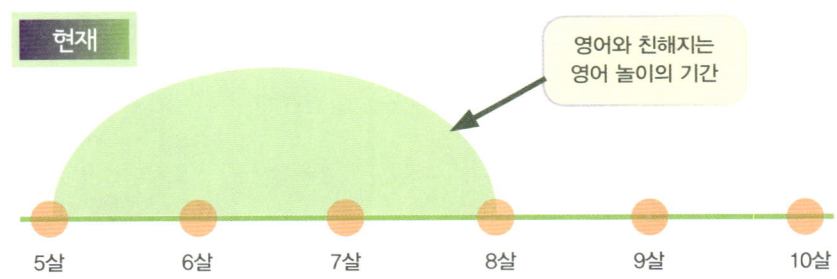

영어 거부감과 스트레스 증상을 보이는 찬혁이에게 적절한 영어 교육 시기는 앞으로 3년 후. 즉, 찬혁이가 영어 공부를 하거나 영어 수업을 받거나 영어 학원엘 가도 되는 연령은 8살입니다. 그때까지는 모국어 기반을 탄탄히 다지고, 놀이영어를 통해 영어와 친해져야 할 것입니다.

❷ solution 결정

현재 영어를 싫어하는 찬혁이는 놀이영어를 통해 우선 영어와 친해져야 합니다. 영어를 싫어하지만 상상력이 풍부한 찬혁이에게는 **연상 암기 학습법**이라는 solution이 선택되었습니다.

❸ 아이 상황에 맞는 '맞춤형 solution' 만들기

맞춤형 solution을 만들기 위해 중요한 것은 찬혁이를 둘러싼 여러 상황들을 파악하는 겁니다. 즉, 찬혁이에게 영향력 있는 교육환경인 엄마, 연령, 성격, 강점, 흥미 등의 상황에 맞게끔 solution을 적용하는 것이죠.

찬혁이 엄마의 양육 태도는 애정-자율적인 유형의 것이었습니다. 대체로 자율의 양육 태도이긴 했지만, 통제의 양육 태도도 무시할 수 없는 점수가 나왔지요.

찬혁이에게 조금만 더 자율성을 부여해 준다면, 아이의 창의성도 높아지고 성격 또한 안정적으로 변할 수 있을 것입니다. 엄마가 애정-자율의 양육 태도로써 solution을 적용하면 효과가 더 높아진다는 점도 기억하세요.

● 제1주>> 칭찬 속 격려하기

찬혁이가 하고 싶어 하던 놀이, 읽고 싶어 하던 한글 책들을 실컷 읽게 해주었습니다. 별것 아닌 것에도 충분한 칭찬과 격려를 해줌으로써 아이의 자신감을 회복시켜주었습니다.

● 제2주>> 연상암기법

찬혁이는 언어지능이 강점이며, "E(외향적)-N(직관적)-T(사고형)-J(판단형)" 성격 유형의 아이입니다.

상상력이 풍부하고 계획성 있는 수업을 좋아하는 외향적인 성격인데다, 언어지능이 강점이 찬혁이에게 엄마와 동화책을 읽으면서 하는 연상암기법은 최고의 solution이 될 수 있겠죠.

찬혁이가 좋아하는 '맥퀸' 책을 읽으면서 찬혁이가 자동차가 되어보도록 했습니다. 이런 과정을 통해 아이가 영어 거부감을 서서히 떨치게 되었고, 스스로 영어 동화책을 보겠다고 골라 올 정도까지 되었습니다.

- **제3주 >> 영어 단어카드 놀이**

단어카드에 쓰인 동물이 되어 흉내를 내면서 단어를 익히는 연상암기법을 활용해보았습니다.

4단계 맞춤형 solution 평가

solution을 통한 엄마의 교육방법 변화로 영어만 나오면 발버둥을 치던 찬혁이가 완전히 달라지게 되었습니다.

이 solution을 통해 찬혁이는 적극적이고 집중력도 좋아지게 된 것이죠. 이젠 영어를 편하게 생각하고 엄마를 너무나 좋아하게 되었습니다. 5살 찬혁이는 구체적이고 씩씩한 영어 교육법인 연상암기법을 통해 엄마와 영어 동화책 읽는 시간이 즐거워졌습니다. 자신이 주인공이 되어 하고 싶은 다양한 문장을 구사하려고 노력하게 되었습니다.

+solution을 마치며

"아이를 기다려주고 대답할 때까지 참아주었더니, 아이가 먼저 이야기를 하기 시작하고 먼저 책도 꺼내오기 시작했어요! 엄마가 한발 물러서자 아이가 한발 다가 온 겁니다. 여태껏 아이를 몰아붙이고 잔소리하던 제 모습이 정말 미안하더라구요.

Solution 이전에는 엄마가 강요에 못 이기거나 남들에게 잘 보이기 위한 억지 영어였다면, 지금은 아이가 스스로를 표현하는 하나의 도구가 된 것 같아요.

Solution을 시도하면서 진행했던 방법 역시 활용하기가 어렵지 않았어요. 이미지를 떠올리며 이야기하는 방법은, 찬혁이가 좋아하는 책을 보며 이야기하고 또 다른 스토리를 만들어 적용하는 것이어서 쉬었답니다.

그리고 아이가 이야기 속 주인공이 되는 방법은, 공연을 보러 가거나 책을 읽으며 많이 적용하고 있어요. 워낙 이야기 듣는 것을 좋아하는 아이라서, 주인공이 되어 감정을 이입하고 주인공이나 제삼자가 되어 그 마음을 표현하는 것을 어려워하지 않더라고요.

찬혁이가 좋아하고 잘하는 것을 영어 교육에 적용하는 것이라 아이의 거부감이 없었답니다.

상상력이 좋고 표현력이 풍부한 찬혁이에게 100인의 멘토가 알려주신 연상 암기법은 단연코 우리아이 최적의 맞춤형 solution이었답니다."

유리의 맞춤형 solution

03

대구에 사는 6살 유리는 아빠가 미국인이고 엄마가 한국인이지만, 영어를 무척이나 싫어합니다. 또래의 어떤 아이보다도 한국말을 잘하고 대구 사투리도 능숙한데, 영어만큼은 거의 못할 뿐만 아니라 영어를 너무 싫어합니다. 엄마는 걱정이랍니다. 영어를 못하는 것도 문제지만, 유리가 미국인 아빠와 거의 대화가 없는 상태이니까 말이죠.
내년이면 외국인 학교에 입학 예정이라 무엇보다 영어가 다급한 유리.
자, 유리에게는 어떤 맞춤형 solution을 적용할 수 있을까요?

1단계 유리를 둘러싼 환경 맵핑

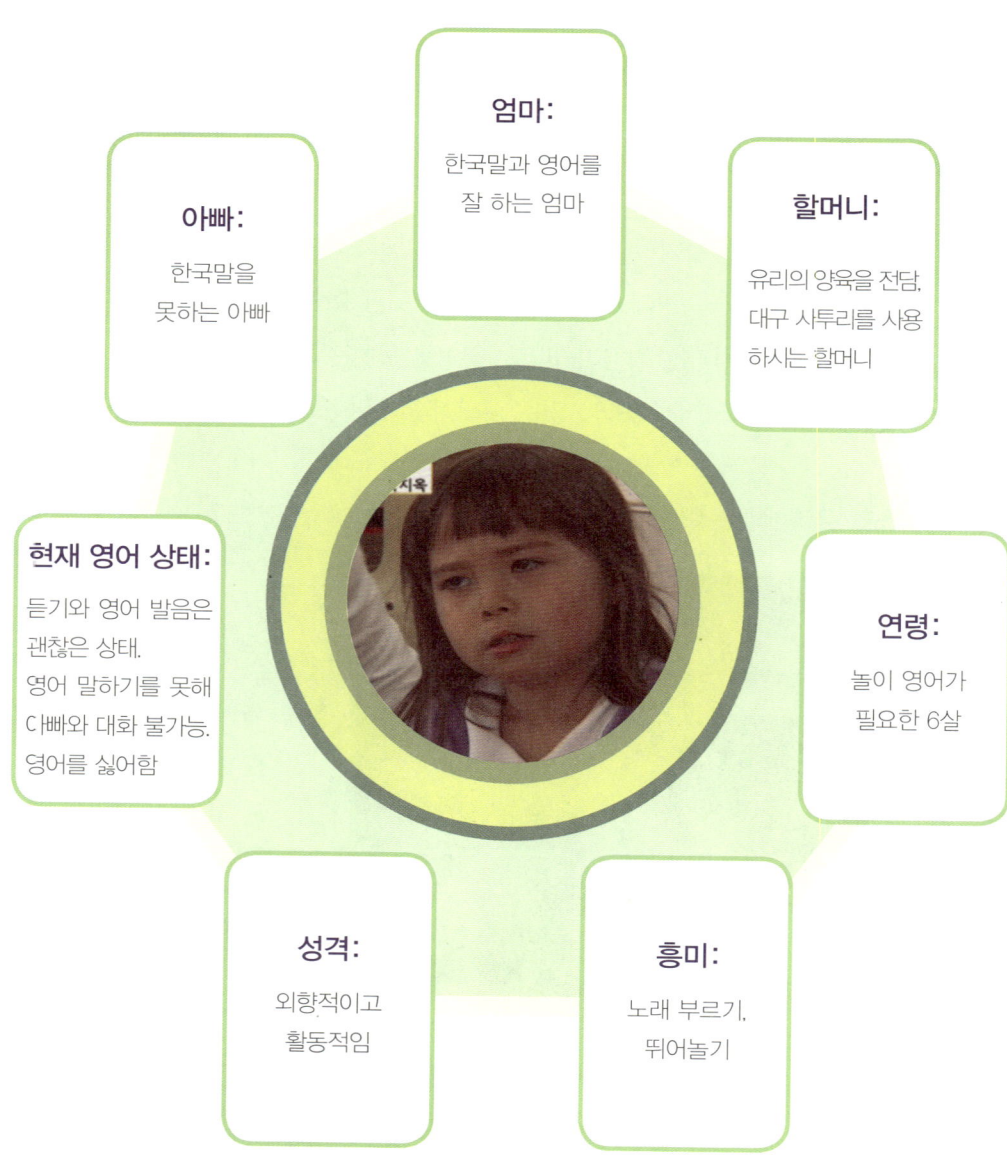

2단계 유리의 상황 분석

유리는 집안에서 서울말, 사투리, 영어 등 여러 언어가 일관성 없이 사용되고 있는 터라, 혼란을 느끼고 있습니다.

할머니와 유대가 깊은 아이는 자신을 100% 한국인이라 인식하고 있습니다. 아빠를 다른 인종으로 여기다보니 아빠가 쓰는 영어도 이질적으로 느끼게 되는 것이지요.

아이를 둘러싼 언어 환경을 단순화시켜주는 부모님의 배려가 필요합니다. 유리가 영어를 배우는 것도 중요하지만, 아빠가 한국어를 배워 접근하는 것이 아이의 영어를 견인해줄 수 있는 지름길이 될 수 있겠지요.

아빠는 한국어를, 그리고 유리는 영어를, 배우는 놀이영어가 필요합니다.

또한, 유리는 여자아이임에도 아주 활동적이고 활발한 외향적인 아이입니다. 여자라는 성별은 아이를 구성하는 요소일 뿐이지 아이의 인성 전체를 규정짓는 것은 아닙니다. 여자아이라고 해서 무조건 분홍색을 좋아하는 것이 아닌 것처럼, 교육법도 아이 성격과 상황에 맞는 융통성을 가져야 합니다. 유리는 외향적인 성격의 아이에게 맞는 영어 solution을 선택해야 할 것입니다.

> **< 잠깐! >**
>
> **아빠와 딸, 초등학교 입학 전에 친해져야 해요!**
>
> 초등학교에 들어가면 아이들은 자기의 성별을 기준으로 남녀를 구분하기 시작합니다. 그러므로 초등학교 가기 이전에 아빠와 친해져야 합니다. 아빠와 초등학교 이전에 친해지지 못하고 애착관계가 없는 아이들은, 초등학교 이후 아빠와 친해지기가 몹시 힘듭니다.
>
> 몸으로 하는 놀이나 활동적인 학습 방법으로 아이와 친해지도록 노력해보세요.

3단계 유리의 맞춤형 solution

❶ 시기

영어와 친해지고, 아빠와 친해져야 하는 시기인 여섯 살! 그러므로 지금 당장 영어 solution을 진행하는 것이 좋습니다. 또한 내년이면 외국인 학교에 입학 예정인 아이에게는, 지금 당장 영어를 시작하는 게 너무나 당연한 급선무이겠지요.

❷ solution 결정

유리는 아빠가 미국인이라는 특수한 상황을 가지고 있는 6살의 외향적인 여자아이. 유리에게 적합한 solution은 아마도 **아빠와 함께 전신반응법**이라 할 수 있겠습니다. 보통의 아이들이라면 전신반응법을 엄마와 시작하건 아빠와 시작하건 문제되지 않겠지만, 유리의 경우는 일상생활을 영어로 하고 있는 아빠와 전신반응법을 통해 영어와 친해지기는 것이 효과적일 것입니다.

❸ 아이 상황에 맞는 '맞춤형 solution' 만들기

맞춤형 solution을 만들기 위해 유리를 둘러싸고 있는 여러 상황들, 즉 유리의 가족, 연령, 성격, 흥미 등을 두루 살펴보았습니다. 아빠와의 관계 회복 및 영어 교육을 위한 solution의 핵심은 '아빠와 친해지기'였습니다.

제1단계>> 생활 속에서 영어 사용하기

유리는 아빠가 미국인이라는 드물게 이상적인 상황을 가지고 있습니다. 그럼에도 불구하고 아빠와 함께 하는 시간 부족으로 영어를 접할 기회가 없었으므로, 아빠와 함께하는 시간을 늘려 생활 속 영어 사용하기를 아빠와 함께 하기로 하였습니다.

아빠와 아침을 함께 먹기도 하고, 아빠와 동작놀이나 온몸놀이도 하면서 자연스럽게 생활 속에서 영어를 접하였습니다. 또 아빠와 동화책을 읽으면서 영어도 배우고, 한글말도 아빠에게 가르쳐주는 활동을 통해, 유리는 아빠와 친해지고 영어를 즐기는 방법을 알아가게 되었습니다.

제2단계>> 놀이와 게임

아빠와 단어교환 놀이를 함으로써, 아빠는 한글을 배우고 아이는 영어를 배우는 성과를 얻을 수 있었습니다. 아이가 아빠에게 한글을 가르쳐주는 활동을 통해서, 아이와 아빠는 서서히 애착관계를 형성하게 되었지요.

제3단계>> 동작놀이

유리는 활동적인 아이라, 몸을 움직이는 것을 좋아합니다. 태글리쉬 학원에 가서 즐겁게 영어를 익히도록 했습니다. 또한 아빠랑 함께 뛰고 게임하면서 즐겁게 영어를 익히도록 하였지요. 아빠와 친해진 만큼 영어 실력도 쑥쑥 향상되었답니다.

4단계 맞춤형 solution 평가

유리는 전신반응법을 통해, 영어 말하기뿐 아니라 아빠와의 친밀도가 상당히 높아졌습니다. 예를 들어 'run'이라는 동사를 공부할 때는, 아빠와 같이 뛰고 달리는 거죠. 아빠랑 함께 달리면서 눈으로 보고 귀로 듣고 말로 따라하는 방법을 사용함으로써, 자연스럽게 영어 실력도 늘고 아빠와도 한층 더 가까워진 거죠.

다른 무엇보다도 큰 소득은, 이같은 solution을 통해서 유리가 아빠를 너무나 좋아하게 되었다는 겁니다.

온가족이 함께하는 시간을 늘리고, 습관적으로 사용하는 전신반응법이 몸에 익어서, 아이가 편안하게 영어를 사용할 수 있게 되었다는데요. 아빠의 행동을 보고 동물 이름 맞추기, 주말에 동물원 함께 가기, 영어 동요 부르기 등으로 일상생활에서 편안하게 영어를 사용하게 된 것입니다.

현재 유리는 영어 유치원 3년차 실력을 갖춘 영어 신동이 되어 있습니다.

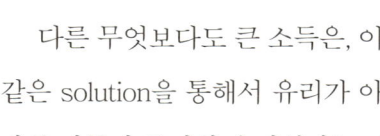

"시간이 있을 때마다 100인의 멘토가 알려주신 '전신반응법'으로 아빠와의 시간을 보낸 유리가 영어 실력이 너무 좋아져서 만족스러워요."

아빠와 의사소통을 하고 친해질 수 있도록 어떤 도움을 줘야할지 막연했는데, 솔루션을 통해 이제는 다른 어떤 아이들보다 아빠를 좋아하게 되어서 다행이에요. 그 솔루션은 유리의 영어 실력 향상뿐 아니라, 가족 관계 개선을 위해서도 100점짜리였어요!"

맞춤형 solution을 위한 우리아이 맵핑하기

맵핑을 통해 우리아이 상황을 분석하고, 가장 적합한 solution을 찾아내어 '우리아이 맞춤형 solution'을 만들어보세요.

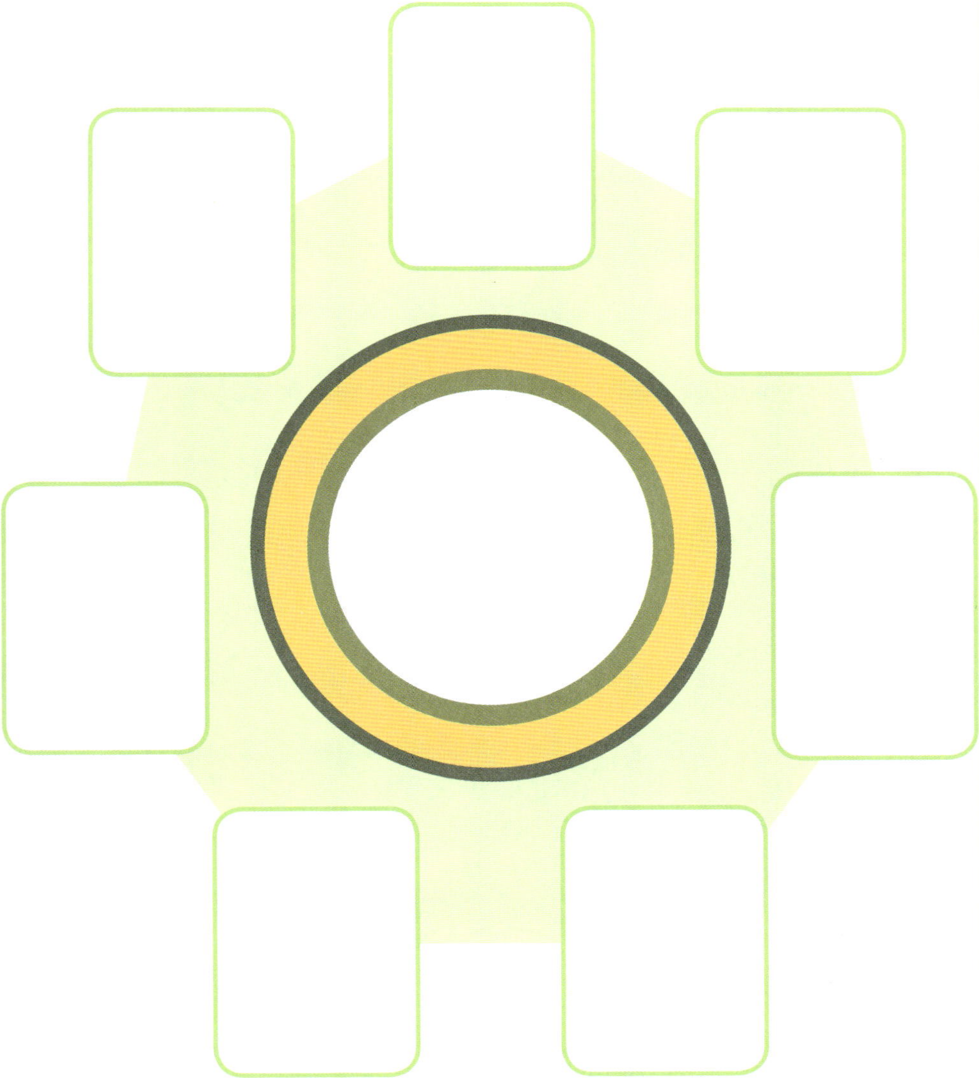

우리아이 영어교육에 있어 무엇보다도 중요한 것은
부모의 마음가짐과 자세입니다.
어떻게 하면 엄마들이 영어 때문에 미치지 않고,
영어를 우리아이의 친구로 만들어줄 수 있을까요?

100인의 멘토들이 알려준 영어교육 20계명을
마음속으로 되새기며
아이에게 맞는 영어 교육 solution을 적용해보세요.
우리아이를 행복한 영어 신동의 길로
이끌어줄 수 있을 것입니다.

지금부터 읽으실 멘토들의 20계명은
그들이 TV 프로그램 엄마, 영어에 미치다에
출연해서 직접 언급하였던 사운드 바이트입니다.
많은 도움이 되기를 바랍니다.

Part 5

>> 100인의 멘토,
그들의 영어 교육 20계명

박현영 (조기영어교육 전문가)

"모국어로 공부를 할 때 아이가 특히 흥미를 가지고 푹 빠지는 분야가 있습니다. 그것을 잘 관찰해서 그 분야에 영어를 접목해보세요. 또한 반복적인 즐거운 소리나 리드미컬한 동요 동시로, 반복적인 소리 학습을 해주는 것이 좋습니다. 영어는 즐거운 소리 학습이라는 감각만 익혀주면 됩니다. 즐겁게 오디오 CD를 들어가면서 거기에 나오는 소리를 함께 따라하고, 아이에게 물어봐주고, 아이가 선생님이 되어보고, 엄마가 대답해주고, 파트너 역할만 해주어도 충분한 효과가 있답니다. 최고의 영어 파트너는 엄마, 엄마랍니다!"

문단열 (성신여자대학교 교수)

"조기교육을 조기에 잘못하면 조기에 아이를 망친다는 것! 끈질기게 인내를 가지고 아이가 영어를 좋아하게 만드는 교육이 진정한 조기교육입니다. 영어공부를 시킨다고 생각하지 마시고, 우리아이가 영어를 좋아하게 만들 사명이 있다고 생각하면서 아이를 교육하세요."

김현주 (영어교육 전문가)

"아이들의 성향과 상태를 잘 파악하는 것이 가장 먼저 필요하고, 그 다음은 아이들이 지속적인 흥미를 가지고 영어를 계속 공부하는 것이 중요합니다. 아이들 수준에서 스스로 성취감을 맛볼 수 있도록 해주는 게 필수적이라는 것을 명심하고, 성취감을 느끼는 자발적인 영어가 되도록 도와주세요."

정찬우 (스타영어 전문가)

"영어 단어 혹은 어휘 선택도 중요하지만, 제스처나 표현이 풍부해야 좋습니다. 아이들이 즐거워하고 자신의 가치관을 만들어갈 수 있는 올바른 교육, 참교육을 실천할 수 있는 부모님이 되도록 노력하세요!"

유수경 (영어교육 전문가)

"아이들에게는 영어에의 기쁨, 환희 같은 것을 주는 것이 가장 중요해요. 우와! 이걸 하니깐 참 재미있네. 이건 뭔가 새로운 것이네! 하고 깨닫고, 즐거움을 찾을 수 있는 방법이라면 가장 좋은 방법이 될 것입니다."

낸시랭 (스타영어 전문가)

"아이의 상황에 맞게 영어 공부법을 응용하고 통합해서 만들어보는 것이 좋답니다. 다른 사람에게 맞는 것이 우리아이에게도 맞는 방법은 아니라는 것을 명심하세요. 부끄러워하지 말고 자신감을 가지고 할 수 있다고 생각하면 꿈을 향해 나아갈 수 있을 것입니다."

카라 멤버 니콜 (스타영어 전문가)

"친구나 가족과 같이 영어로 말해보세요. 스트레스 없는 대화 속 영어가 기억에 가장 잘 남는답니다."

이윤진 (동시통역사)

"중요한 것은 돈이 아니라 아이들이 즐기면서 공부할 수 있는 방법을 찾아주는 것입니다. 공부, 일이라고 생각하지 않고 일상생활에서 편안하게 배울 수 있는 환경을 만들어주는 것이 가장 중요합니다. 아이들을 비싼 학원에서 공부시키는 것보다 벽에 영어 단어 한 개라도 붙여놓는 엄마의 세심한 배려가 중요한 것입니다. '같이 영어 놀이 할래?'라는 엄마의 말이 아이들에게는 '학원에 가!'라는 말보다 훨씬 좋다는 것, 알고 계시죠?"

김태은 교수 (영어교육 전문가)

"소리의 반복 등을 통해서 재미있는 소리가 있다는 것을 알고, 재미있는 동화책을 통해서 많이 보고 읽기도 하고, 반복적이고 단순한 리듬을 가진 영어 동요를 따라 부르기도 하는 등, 소리체계가 확립이 될 수 있도록 기틀을 잡아주는 것이 중요합니다."

이훈미 (영어교육 전문가)

"아이들이 스트레스를 받지 않고 자연스러운 환경에서 영어를 배우는 학습이 올바른 학습법입니다. 모국어처럼 습득할 수 있는 영어 환경을 조성해주세요."

오성식 (스타영어 전문가)

"기가 살아야 영어가 삽니다. 학원을 선택할 때도 아이 수준보다 약간 못하는 반에 보내는 것이 낫습니다. 영어 공부할 맛이 나는 상황을 만들어주어야 아이 기가 팍팍 사는 것이죠. 그래야 아이도 영어 공부를 하고 싶은 마음이 생기게 됩니다. 그리고 2년 이상 외국의 영어 초등학교에 다니는 아이들은 반드시 모국어를 해야 합니다. 모국어를 안 하고 귀국하면 한국 교육에 적응을 못하니 신중하게 결정하세요."

박혜옥 (영어교육 전문가)

"감정을 무시하고 수업을 강압적으로 진행할 경우, 상당히 커다란 악영향을 미치게 된다는 것을 명심하세요. 강압적 영어가 아닌 자율적 영어 수업을 해주셔야 해요."

강정주 (영어교육 전문가)

"외국어를 배울 때에는 먼저 귀로 많이 들어야 하고, 그 소리에 익숙해져서 소리에 대한 분별력이 생겨야합니다. 즉, 반복적인 듣기가 영어의 첫걸음입니다."

엠블랙 멤버 천둥 (스타영어 전문가)

"음악이나 영화 속 영어와 같이, 돈도 안 들이고 재미있게 할 수 있는 영어를 찾아서 공부하면 효과적이지요."

신재봉 (영어레크레이션협회 이사장)

"좋은 대학에 가기 위해서 좋은 점수를 받으려는 목적의 영어 교육을 하기 때문에 영어가 재미없어지는 것입니다. 단기간 내에 승부를 본다는 마음보다는 영어라는 언어는 평생을 즐기면서 함께 갈 친구라는 것을 잊지 마세요."

김수현 (학습연구소 언어치료사)

"아이가 영어를 잘하는 것이 좋고, 아이에 대한 기대가 클지라도, 과한 욕심을 버리고 슬로우 잉글리시(Slow Enlish) 하세요."

김인정 (영어교육 전문가)

"영어를 가르치더라도 재미나고 신나는 이벤트가 될 수 있도록 해주는 것이 중요합니다. 깜짝 파티만큼 신나는 영어 공부가 되도록 도와주세요."

서현주 (유아영어 전문가)

"아이들은 자기가 좋아하는 주제에 관한 것이라면 일본어로 되어있든, 한국어로 되어있든, 영어로 되어있든, 그림과 영상이 함께 있을 때는 잘 받아들입니다. 아이가 좋아하는 주제로 영어를 시작해 보세요."

장석민 (영어교육 전문가)

"발음은 많은 훈련과 노출로 자연스럽게 익혀지는 부분입니다. 강압적으로 영어 교육을 시키는 것은 상당히 불합리한 방법이에요. 비용만 들어가고 비효율적인 결과를 초래할 뿐이니 절대 아이들에게 강압적인 교육을 시키지 마세요."

노규식 (소아정신과 전문의)

"언어에 있어서 가장 중요한 것은, 언어가 특별한 공부가 아니라 자연스러운 몰입환경이 되는 것입니다. 아이가 영어에 푹 빠져들 수 있는 즐거운 환경을 만들어주세요."

구성작가 김민진

성균관대학교에서 아동 창의성을 공부했습니다.

지금까지 여러 권의 어린이 책을 기획했으며, 웅진, 삼성, 기탄, 한우리 등의 출판사에서 아이들을 위한 한글 교재와 창의성 프로그램을 만들고 동화를 쓰기도 했지요.

초등 5학년 아들의 '영어 때문에 고민하던 엄마'였으나, 이 책을 쓰면서 아이의 맞춤형 영어 교육을 찾아갈 수 있었습니다.

지은 책으로 「오늘도 달려요」 「휘리릭 아저씨의 줄 세우기」 「우뇌 좌뇌 개발북」 등이 있습니다.